Fontaine

—

Nationalsozialistische Aktivistinnen (1933 – 1945)

D1727997

Karin Fontaine

# Nationalsozialistische Aktivistinnen (1933 – 1945)

Hausfrauen, Mütter, Berufstätige, Akademikerinnen

So sahen sie sich und ihre Rolle
im „tausendjährigen Reich"

Königshausen & Neumann

*Bibliografische Information Der Deutschen Bibliothek*

Die Deutsche Bibliothek verzeichnet diese Publikation in der Deutschen
Nationalbibliografie; detaillierte bibliografische Daten sind im Internet
über <http://dnb.ddb.de> abrufbar.

# Inhalt

# Abkürzungsverzeichnis

| ANSt | : | Arbeitsgemeinschaft Nationalsozialistischer Studentinnen |
| BDM: | : | Bund Deutscher Mädel |
| DAF | : | Deutsche Arbeitsfront |
| HJ | : | Hitlerjugend |
| NSDAP | : | Nationalsozialistische Deutsche Arbeiterpartei |
| NSDStB | : | Nationalsozialistischer Deutscher Studentenbund |

Die Quellen werden bibliografiebezogen der anglo-amerikanischen Zitierweise entsprechend im Text belegt. Dabei werden die häufig zitierten Zeitschriften wie folgt abgekürzt:

| DK | : | Die Deutsche Kämpferin |
| FaW | : | Die Frau am Werk |
| NRF | : | Nachrichtendienst der Reichsfrauenführung |
| NSFW | : | NS-Frauenwarte |

Nachträgliche Anmerkungen erscheinen als Fußnote.

# Vorbemerkung

Das ‚tausendjährige Reich' währte zum Glück für die Menschheit nur zwölf Jahre. Doch welch unerhörten Preis kostete dieses schreckliche Experiment deutschen Herrenmenschentums und seine Bezwingung. Man mochte nach dem Holocaust und den Schrecken des Krieges hoffen, dass nach diesen Erfahrungen der Nationalsozialismus endgültig seine Attraktivität für Menschen verloren hätte.

Seit Beginn der neunziger Jahre ist aber ein deutliches Wiedererstarken der rechtsextremen Szene zu beobachten. Gerade auch bei Teilen der jungen Generation scheint das destruktive Gedankengut des Nationalsozialismus auf fruchtbaren Boden zu fallen[1]. Diese aus meiner Sicht Besorgnis erregende Entwicklung bewegt mich jetzt, meine Forschungsarbeit zum Thema ‚NS-Aktivistinnen' zu publizieren und damit einer breiten Öffentlichkeit bekannt zu machen. Getreu dem Motto: „Wer sich an die Vergangenheit nicht erinnern kann, ist dazu verdammt, sie zu wiederholen." (George de Santayana).

## Rückblick:

Nach 1945 war die Entnazifizierung im westlichen Teil Deutschlands nur unvollständig. Wichtige Funktionsträger des Dritten Reiches konnten auch in der Bundesrepublik einflussreiche Positionen bekleiden. Der bald einsetzende wirtschaftliche Aufschwung in der BRD, die Einbindung in die Europäische Gemeinschaft und in die NATO, die wachsenden Kontakte mit osteuropäischen Ländern zeitigten aber eine zunehmend positiv akzeptierte demokratische Gegenwart und ließen hoffnungsvoll in die Zukunft blicken.

Die 68er setzten sich – bisweilen radikal – kritisch mit der jüngeren Vergangenheit auseinander; in den Siebzigern folgte die Ökologiebewegung und eine intensive Hinwendung der jungen, vor allem der akademisch gebildeten Generation zu den Problemen der so genannten Dritten Welt.

Das Dritte Reich wurde in der BRD wissenschaftlich ‚aufgearbeitet', allerdings wesentlich auf die Handlungen der männlichen Repräsentanten beschränkt. Die Beschäftigung einzelner ForscherInnen mit dem Alltag / Alltagstheorien im Dritten Reich wurde von den etablierten Forschern

---

[1] Siehe hierzu: Hans-Gerd Jaschke, 2001

8

meist belächelt. Der Kampf gegen den ‚Muff unter den Talaren' erwies sich als schwerfällig. Die in den siebziger Jahren aufkommende Frauenforschung war selbst meist auf einem Auge blind. Frauen wurden vorrangig als Opfer gesehen. Dass sie selbst auch Täterinnen waren, und sei es ‚nur' in unterstützender Funktion, passte vielen Forscherinnen nicht ins feministische Selbstbild.

In der DDR machte man es sich auf Seiten der herrschenden SED recht einfach. Die Nazis waren die Verbrecher; man selbst hatte mit dem Dritten Reich scheinbar nichts zu tun und sah sich auf der Gewinnerseite. Man war antifaschistisch und frönte der Völkerfreundschaft. Dass diese nur zu inszenierten Festivitäten stattfand, schien offiziell niemanden zu stören. Eine wirkliche Reflektion der Nazizeit konnte gar nicht stattfinden, weil es den dafür erforderlichen gesellschaftlich-gedanklichen Freiraum nicht gab.

Nach der Wiedervereinigung haben sich für alle Deutschen die politischen und wirtschaftlichen Rahmenbedingungen stark verändert. Die versprochenen ‚blühenden Landschaften' sind auch nach 13 Jahren nur in Ansätzen sichtbar, und aus der westdeutschen ‚Portokasse' ist die Vereinigung beim besten Willen nicht zu bezahlen. Die öffentlichen Kassen sind leer, die Staatsverschuldung hat bedrohliche Ausmaße angenommen. Verkrustete Sozialsysteme, Veränderung erstickender Lobbyismus, ein in der Welt einzigartig kompliziertes Steuersystem verhindern notwendige Veränderungen.

Außenpolitisch suchen wir noch unseren Standort als souveräner Staat. Neue Herausforderungen kollidieren mit vertrauten Lösungsmustern, und bilateraler Aktionismus scheint multilaterale Orientierung zu ersetzen.

In der Wirtschaft gilt nur noch das Credo ‚Veränderung'. Neu, jung, schnell, waren die Vokabeln der Neunziger und des beginnenden neuen Jahrtausends. Das hat viele Menschen einfach abgehängt. Zu alt, zu schlecht ausgebildet. Die Arbeitslosigkeit scheint unaufhaltsam zu steigen. Selbst gut ausgebildete, leistungsfähige Menschen bangen mittlerweile um ihre Stelle und ihre Karrieremöglichkeiten. Der Börsencrash hat viel Kapital auch von Kleinanlegern vernichtet, das diese oft für ihre Altersabsicherung vorgesehen hatten. Dabei ist der Handlungsspielraum der Wirtschaftsführer in Zeiten des ‚Shareholder Value' vergleichsweise gering.

Vor allem viele Ostdeutsche sehen sich in ihren wirtschaftlichen Erwartungen enttäuscht und auch politisch sind sie in der Realität leichtfertiger Versprechungen und diverser Skandale angekommen. Das Vertrauen in die Leistungsfähigkeit der Politik ist in ganz Deutschland auf einem Tiefpunkt angelangt.

## Fazit:

Die überwältigende Mehrheit der Westdeutschen hatte sich sehr gut in der außenpolitisch verantwortungsfreien Wirtschaftsdemokratie eingerichtet. Viele Ostdeutsche wollten neben Freiheit vor allem die stabile Mark, verbunden mit ostdeutschen Sicherheiten.

Auf die durch globale und demografische Entwicklungen notwendigen Veränderungen scheinen weder die Bevölkerung noch die politisch Handelnden wirklich vorbereitet zu sein. Mir scheint es, dass wir nach einer verlängerten Adoleszenzphase jetzt erwachsen werden müssen, ob wir wollen oder nicht. Wir befinden uns in nahezu allen Lebensbereichen in einer Phase des Umbruchs. Dies führt nachvollziehbar bei vielen Menschen zu Gefühlen der Unsicherheit und Ängsten.

Das ist eine geradezu klassische Situation, in der Menschen nach einfachen Lösungen suchen. Dazu gehört die Unterscheidung in Gut und Böse. Es ist einfacher, bestimmte Gruppen, z.B. Ausländer, als Schuldige zu benennen, als sich der komplexen und damit komplizierten Wirklichkeit in all ihren Interdependenzen zu stellen. Wer schwach ist und für sich keine Chancen sieht, möchte oft wenigstens noch einen haben, auf den er herabblicken und den er für sein eigenes Elend verantwortlich machen kann.

Diese Gefühle stoßen auf eine Politik und gesellschaftliche Diskussion, die in beiden Teilen Deutschlands aus unterschiedlichen Gründen bestimmte Themen über Jahrzehnte tabuisiert hat. Wer es z.B. wagte, Kritik am Verhalten von bestimmten Ausländern zu äußern, wurde oft vorschnell in eine rechtsradikale Ecke gestellt. Die Xenophobie der Nazizeit wurde unreflektiert durch Xenophilie ersetzt. Auch dies ist eine Schwarz-Weiß-Sicht, nur mit umgekehrtem Vorzeichen. Auf die Betonung und Durchsetzung eigener Werte wurde im Namen von Demokratie und multikultureller Toleranz so konsequent verzichtet, dass wir jetzt kaum noch wissen, wofür wir stehen und einstehen wollen.

Das macht es Demagogen natürlich leicht. Seit Beginn der neunziger Jahre ist ein Anwachsen des Rechtsradikalismus zu beobachten. Gewalttätige Überfälle bis hin zum Mord auf – vor allem dunkelhäutige – Ausländer sind mittlerweile an der Tagesordnung. In manchen – vorwiegend ostdeutschen Städten und Gemeinden – gibt es ‚ausländerfreie Zonen‘. Ausländer trauen sich in manchen Regionen abends nicht mehr auf die Straße. Jüdische Friedhöfe und Synagogen werden geschändet. Exponierte VertreterInnen der jüdischen Gemeinde erhalten ernst zu nehmende Morddrohungen und benötigen Polizeischutz. Andererseits hat der Staat bis zu den Terroranschlägen des 11. September 2001 radikale islamistische, demokratiefeindliche Gruppen weitgehend unbehelligt agieren lassen.

Die Situation ist ernst. Es handelt sich hier nicht mehr um vereinzelte Aktionen fehlgeleiteter Spinner, die es in jeder Gesellschaft gibt. Auch das Dritte Reich hat einmal klein angefangen und wurde u.a. durch Ignoranz der zu wenigen Demokraten so mächtig, dass es am Ende nur mit militärischer Gewalt niedergerungen werden konnte.

### Was tun?

Neben tief greifenden Strukturreformen, die auch lieb gewordene Besitzstände tangieren müssen, ist für mich eine Wertediskussion in unserer Gesellschaft von zukunftsentscheidender Bedeutung. Dabei sind neben der Politik auch alle gesellschaftlichen Gruppierungen gefordert. Wer, was wollen wir sein? Wofür stehen wir? Was lehnen wir dezidiert ab? Was darf niemals mehr sein?

In der Nazizeit haben unsere Eltern und Großeltern gelebt. Das ist noch nicht lange her. Unsere Altvorderen waren meist ganz normale Menschen. Sie wollten nicht so viel ‚Fremdes‘. Sie wollten Ruhe und Ordnung, Perspektiven für sich und ihre Kinder. Sie wollten sicher keinen Massenmord und Weltkrieg. Die ‚Banalität des Bösen‘ hat allmählich Raum gewonnen. Selbstberuhigende Stammtischparolen ‚die Juden sind schuld‘ wurden allmählich gesellschaftsfähig, mehrheitsfähig, handlungsrelevant, und dann war es da: Das Dritte Reich.

Heute ist es unsere Aufgabe, eine Wiederauflage dieses menschenverachtenden und selbstzerstörerischen Irrsinns in unserem höchst eigenen Interesse zu verhindern.

Dazu kann es hilfreich sein, sich die Gedankenwelt der ‚alten' Nazis anzuschauen. Im folgenden Text werden die Denkmuster nationalsozialistischer Aktivistinnen analysiert. Die Arbeit selbst ist schon älteren Datums (1982) und wurde als Magisterarbeit an der Universität Bonn verfasst. Da es sich aber um eine Quellenstudie handelt, sind Text und Ergebnisse auch heute noch aktuell.

Die Arbeit wird ungekürzt abgedruckt[2] und bietet in ihrem einleitenden Kapitel auch eine Sicht auf den Forschungsstand Anfang der achtziger Jahre in der BRD. Natürlich aus subjektiver Sicht. Die kritischen Anmerkungen zu damals wie heute anerkannten ForscherInnen haben mir in meinem Examen nicht nur Freunde gebracht. Am Inhalt der Arbeit gab es aber keinen Widerspruch, und auch ich habe nach Durchsicht der zwischenzeitlich erschienenen Literatur diesbezüglich nichts zu korrigieren.

Ich widme die Arbeit der Antonio-Amadeu-Stiftung. Das mutige Eintreten gegen Rechtsradikalismus und Fremdenfeindlichkeit bewundere ich. Mehr davon tut not.

Karin Fontaine, Hamburg 2003.

---

[2] Rechtschreibung und Layout wurden auf den aktuellen Stand gebracht.

# 1 Einleitung

## 1.1 Die Frau im Nationalsozialismus als Gegenstand wissenschaftlicher Forschung

Unter den unzähligen Arbeiten, die sich mit dem Nationalsozialismus auseinander setzen, finden sich bis heute nur wenige Arbeiten, welche die Lebensbedingungen von Frauen im Dritten Reich untersuchen. Die Rolle der Frau ist als eigenständig zu bearbeitendes Thema erst in den siebziger Jahren von der wissenschaftlichen Forschung aufgegriffen worden. In den sechziger Jahren war ‚die Frau‘ den in aller Regel männlichen Autoren höchstens ein Kapitel in ihren Werken der Erörterung wert.

Eine Analyse der Sekundärliteratur, die sich mit der Frauenfrage im Dritten Reich auseinander setzt, zeigt die trotz des zeitlichen Abstandes immer noch große Belastetheit dieses Themas.

Hierfür einige Beispiele:

Joachim Fest, als Faschismusforscher vor allem durch seine Hitler – Biografie bekannt, widmet der „deutschen Frau und Mutter“ in seinem 1963 erschienenen Buch „Das Gesicht des Dritten Reiches“ sechzehn Seiten. Im sensationslüsternen Stil der Regenbogenpresse ergeht sich Fest hier in fantasievollen Beschreibungen des „unbefriedigten Triebmaterials“ einer „bestimmten Gattung ältlicher Frauen“ und reduziert gleichzeitig die Anziehungskraft des Nationalsozialismus auf Frauen sehr einseitig auf die erotische Ausstrahlung Hitlers (Fest 1963, 360).

> „Hitler [wurde] ... zusehends zum Triebobjekt, vor dem sich neurotische Kleinbürgerinnen zu kollektiver Ausschweifung zusammenfanden: begierig auf den Augenblick der Enthemmung, der großen Auslösung, der im überschwappenden Aufschrei der Masse den Lustcharakter dieser Veranstaltungen und ihre fatale Übereinstimmung mit den öffentlichen Beischlafhandlungen primitiver Völkerstämme schlagend enthüllt“ (ebda).

In gleicher Weise ihren eigenen Triebfantasien erlegen scheint Maria-Antonietta Macciocchi, wenn sie in ihrem 1979 in Deutschland erschienen Büchlein „Jungfrauen, Mütter und ein Führer“ Spekulationen über unfreiwillige Blasenentleerung der Nationalsozialistinnen und „spitze Lustschreie“ der italienischen Faschistinnen anstellt.

„Die Nazi-Frauen (nach den Berichten der Historiker) pissten vor
Wonne unwiderstehlich auf die Erde, wenn Hitler zu ihnen sprach.
Bezüglich der faschistischen Frauen verfügen wir nicht über so ge-
naue physiologische Einzelheiten, aber es scheint, als hätten sie
sehr spitze Lustschreie ausgestoßen, ‚alle ihm entgegengereckt'"
(Macciocchi 1979, 39)

Nach näheren Quellenangaben, welche diese genauen physiologischen
Einzelheiten belegen, sucht der Leser vergeblich.

Neben diesen politpornografischen Auswüchsen lassen aber auch ernster
zu nehmende Arbeiten gelegentlich die gebotene Objektivität und Distanz zum Thema vermissen, was zu bisweilen doch sehr fragwürdigen
Analyseergebnissen führt.

Gerade in der engagierten, bewusst antifaschistischen Literatur hat
man manchmal den Eindruck, dass die Autoren mit allen erdenklichen
Klimmzügen an der Tatsache vorbei argumentieren wollen, dass es auch
im Nationalsozialismus positiv zu wertende Aspekte gegeben hat. Offensichtlich bestehen hier gewisse Ängste, selbst als faschistisch bezeichnet
zu werden, wenn man den Nationalsozialismus nicht in allen seinen Bereichen als verdammenswert hinstellt.

Bezüglich der Frauenforschung kommt noch ein zweiter Punkt hin-
zu: Das Thema ‚Frau' ist nicht einfach vergessen worden. Vielmehr dokumentiert das Desinteresse männlicher Forscher auf recht bezeichnende
Weise die zweitrangige Rolle, welche die Frau auch heute noch im öffentlichen Leben spielt. Damit korrespondiert ein spezifisches Geschichts-
verständnis, das nicht vom Alltagsleben der Menschen ausgeht, sondern
ausschließlich in Akten festgehaltene Taten ‚großer Männer' für Geschichte hält.

Aber auch die Frauen selbst haben mit der Analyse ihrer eigenen Geschichte Schwierigkeiten. Denn der Nationalsozialismus ist beileibe kein
Ruhmesblatt in der Frauengeschichte. Im Dritten Reich waren die Frauen
zahlreichen Anfeindungen von Seiten der um ihre Privilegien fürchtenden Männer ausgesetzt und gerade gebildete und beruflich qualifizierte
Frauen mussten drastische Einschränkungen in ihrer beruflichen Entfaltung hinnehmen. Die Behauptung, dass die nationalsozialistische Ideologie als extrem frauenfeindlich anzusehen ist, ist daher zweifellos richtig.

Ebenso richtig ist aber auch – und dieser Aspekt wird oft unterschlagen – dass viele Frauen ihre eigene Unterdrückung nach Kräften gefördert haben.

In der Frauenliteratur wird manchmal der Eindruck erweckt, als ob die Frau selbst nur Opfer des Nationalsozialismus gewesen sei und somit aus der gesellschaftlichen Mitverantwortung für die Untaten des Regimes herausgenommen werden könne.

Ein Beispiel für diese den Tatsachen meines Erachtens nicht gerecht werdende Sichtweise bieten die von Annette Kuhn und Valentine Rothe zusammengestellten Quellenbände zum Thema ‚Frauen im deutschen Faschismus'. In diesen Büchern erscheint die Frau in den Kommentaren der Herausgeberinnen ausschließlich in der Rolle des gequälten Opfers. Frauenfreundliche Maßnahmen werden nach Möglichkeiten dem Druck der antifaschistischen Basis und nicht den an der Macht befindlichen Nationalsozialisten zugeschrieben.

Ich denke, dass es im Interesse eines unverfälschten Geschichtsbildes angebracht und notwendig ist, beispielsweise das Eintreten des Frauenamtes der DAF für bessere Lohn- und Arbeitsbedingungen der Frauen anzuerkennen und nicht dadurch einzuschränken, dass dieses Engagement erst auf Druck der Arbeiterinnen hin erfolgt sei. Es ist unredlich, die Ernsthaftigkeit von manchen Nationalsozialistinnen, mit der diese für bessere Arbeitsbedingungen für Arbeiterinnen und Angestellte eintraten, mit diesem Argument – Druck der Basis – infrage zu stellen und andererseits zu behaupten, dass eine Besserstellung der Arbeiterinnen in der Weimarer Republik auf den Einsatz von F ü h r e r i n n e n der proletarischen Frauenbewegung und Gewerkschaftsf u n k t i o n ä r i n n e n zurückzuführen sei. (vgl. Kuhn 1982, Bd. 2, 51).

In gleichem Maß geschichtsverfälschend erscheint mir die Auffassung, nach der die Menschlichkeit und „Beziehungsarbeit von Frauen" zu einem „tragenden Moment einer politischen, antifaschistischen Kultur" hochstilisiert wird. (Kuhn 1982, Bd. 1, 18).

In Wirklichkeit ist genau das Gegenteil der Fall! Die Wärme und Emotionalität von Frauen hat in nicht zu unterschätzendem Maß zur Stabilisierung des Systems beigetragen. Die Familie bildete das weiche Nest, in das man sich vor der Wirklichkeit des rauen nationalsozialistischen Alltags zurückziehen konnte. So etwas stärkt nicht den Widerstandswillen, sondern führt zu dessen Erlahmung. Wie hätte wohl die Reaktion der Männer ausgesehen, wenn die Frauen, anstatt die nationalsozialistische Brutalität mit Liebe zuzudecken, mit Liebesentzug reagiert hätten?

Die Nationalsozialisten jedenfalls haben die systemstabilisierende Wirkung dieser weiblichen ,Beziehungsarbeit' genau erkannt, was aus ihren an die Frauen gerichteten Appellen, den an der Front stehenden Männern möglichst viele liebevolle Briefe zu schreiben, eindeutig hervorgeht.

Auch die Behauptung, dass die „vom Regime propagierte Geschlechterpolarisierung" u.a. aufgrund „des feministischen Protest(es)" zusammengebrochen sei (Kuhn 1982, Bd. 1, 14), widerspricht – trotz aller Anerkennung des mutigen Widerstandes e i n z e l n e r Antifaschistinnen – den geschichtlichen Tatsachen.

Es kann nicht die Aufgabe wissenschaftlicher Forschung sein, einseitig ,Persilscheine' auszustellen. Aber auch der politischen Zielsetzung, einen zweiten Faschismus in Deutschland zu verhindern, ist eine solchermaßen gefärbte Analyse nicht dienlich. Denn nur das, was man kennt, und sei es für die eigene Schicht oder das eigene Geschlecht auch noch so unangenehm, kann man auch wirksam bekämpfen. In diesem Sinn glaube ich, dass die Frauenforschung gefordert ist, ungeschminkt und ehrlich Rechenschaft darüber abzulegen, was die Frauen selbst zur Perpetuierung ihrer Unterdrückung beigetragen haben und auch heute noch beitragen.

Ende der siebziger und Anfang der achtziger Jahre sind allerdings auch einige Arbeiten erschienen, die sich mit den Lebensbedingungen und der gesellschaftlichen Rolle der Frau im Nationalsozialismus auf gleichermaßen sachliche und fundierte Weise auseinander setzen. Hier sind vor allem die Arbeiten von Margret Lück und Dörte Winkler zu nennen. Auch das von einer – Berliner Autorinnengruppe 1981 herausgegebene „Mutterkreuz und Arbeitsbuch" bietet trotz einiger vermeidbarer Überschneidungen in der Themenstellung einzelner Aufsätze der Faschismusforschung wertvolle neue Erkenntnisse.

## 1.2 Vorbemerkung zur Quellenanlage und inhaltlichen Gestaltung der Arbeit

‚Küchenmagd, Zuchtsau, Leibeigene'. Mit diesen drastischen Begriffen umreißt Christina Burghardt die nationalsozialistische Frauenideologie und ihre weitgehende Durchsetzung in der Politik des Dritten Reiches.

Man muss keine Feministin sein, um derartige Vorstellungen von einem ‚wesensgemäßen' Frauenleben für – zurückhaltend formuliert – unattraktiv zu halten. Nichtsdestoweniger hat die Frauenideologie der Nationalsozialisten auf viele Frauen anziehend gewirkt und sie dazu veranlasst, die NSDAP zu unterstützen und zu wählen.

An diesem Widerspruch setzt meine Fragestellung ein. Was bringt Frauen dazu, sich aktiv für ihre eigene Unterdrückung einzusetzen? Die bisher erschienene Sekundärliteratur[3] liefert auf diese Frage keine befriedigende Antwort, da sie das weibliche Rollenbild vornehmlich anhand der Aussagen männlicher Nationalsozialisten beschreibt. Bei einer Darstellung der realen Lebensverhältnisse von Frauen im Dritten Reich ist dieses Verfahren auch durchaus zulässig und korrekt, lag doch schließlich die politische Macht im Dritten Reich eindeutig und ausschließlich in männlicher Hand. Versucht man aber, sich dem ‚warum' im Sinne eines sozialpsychologischen Ansatzes zu nähern, so muss am Anfang eine nach Geschlechtern getrennte Analyse des nationalsozialistischen Schrifttums stehen.

Die vorliegende Arbeit versteht sich als Schritt in diese Richtung. Ausgehend von der Prämisse, dass niemand b e w u s s t gegen seine Interessen in der Weise handelt, dass er sich selbst zum Sklaven macht, soll das Frauenbild der NS - Aktivistinnen unter besonderer Berücksichtigung von zwei Aspekten untersucht und beschrieben werden:

1.  Gibt es e i n von allen NS-Aktivistinnen vertretenes Frauenbild oder lassen sich v e r s c h i e d e n e ideologische Positionen erkennen?

2.  Stimmen Aussagen männlicher und weiblicher Nationalsozialisten zu einzelnen Lebensbereichen wie beispielsweise Ehe und Berufstätigkeit überein oder lassen sich dort Differenzen feststellen, bzw. wie korres-

---

[3] Ich beziehe mich hier auf Sekundärliteratur, die bis 1982 erschienen ist.

pondieren die Äußerungen der NS-Aktivistinnen mit der realen Frauenpolitik der NSDAP?

Die Arbeit basiert vornehmlich auf der Analyse von vier nationalsozialistischen Frauenzeitschriften. Dabei ging es nicht um die Erstellung eines umfassenden Profils der jeweiligen Zeitschriften. Berücksichtigt wurden nur die Artikel, die sich konkret mit der Rolle der Frau auseinander setzen.

Analysiert wurden folgende Zeitschriften:

## NS – Frauenwarte

Die ‚NS – Frauenwarte' mit dem Untertitel ‚die einzige parteiamtliche Frauenzeitschrift' wandte sich an alle deutsche Frauen. Zahlreiche Erzählungen, darunter viele Kriegserlebnisse, romantisierende Natur – und Reisebeschreibungen, ein fortlaufender Roman, ein kleiner Modeteil und der wöchentliche Küchenzettel prägen das Bild dieser Zeitschrift. Daneben standen sachbezogene Artikel, die beispielsweise über neue Gesetze informierten oder Stellungnahmen zur weiblichen Berufstätigkeit enthielten. Die von der NS - Frauenschaft bearbeitete Zeitschrift erschien ab Juli 1933 vierzehntägig. Von mir analysiert wurden die Jahrgänge 1935 bis 1941.

## Nachrichtendienst der Reichsfrauenführung

Der ‚Nachrichtendienst der Reichsfrauenführung' war das offizielle Schulungsorgan der NS – Frauenschaft und wandte sich mit konkreten Arbeitsanweisungen und Anregungen für die Gestaltung der Schulungsabende an die Frauenschaftsleiterinnen. Aus den Artikeln des Nachrichtendienstes geht eindeutig hervor, dass die NS-Frauenschaft vor allem in den Haus- und Landfrauen ihre bevorzugte Zielgruppe sah. Es finden sich kaum Artikel, die sich mit der politischen Lage auseinander setzen, und auch die weibliche Berufstätigkeit wird vergleichsweise wenig angesprochen. Mütterschulung, Hebung des Rassenbewusstseins und Verbrauchslenkung durch rationale Haushaltsführung gehören zu den bevorzugten Themengebieten des Nachrichtendienstes. Der Nachrichtendienst erschien 1932 zunächst unter der Bezeichnung ‚Amtswalterinnenblatt', wurde 1935 umgetauft in ‚Nachrichtendienst der Reichsfrauenführerin' und hieß ab 1938 ‚Nachrichtendienst der Reichsfrauenführung'.

Der Nachrichtendienst erschien monatlich. Ab November 1939 wurde er, um im Krieg eine schnellere Informationsübermittlung zu ermöglichen, in verkürztem Umfang alle vierzehn Tage herausgegeben. Von mir analysiert wurden die Jahrgänge 1937 bis 1944.

## Die Frau am Werk

‚Die Frau am Werk' war die Zeitschrift für die werktätige Frau in der Deutschen Arbeitsfront und wurde vom Frauenamt der DAF bearbeitet. Die monatlich erscheinende Zeitschrift wandte sich an Arbeiterinnen und Angestellte und behandelte dementsprechend vorrangig berufsorientierte Themenbereiche. Dabei nahm sie zur weiblichen Erwerbstätigkeit – was bei dem angesprochenen Leserinnenkreis auch nicht weiter verwundert – eine grundsätzlich bejahende Position ein, wobei allerdings gefordert wurde, die Frauen auf wesensgemäße Berufe hinzulenken und die Arbeitsbedingungen in Hinblick auf die von der Frau zu leistende ‚Mutterschaftsaufgabe' zu gestalten. Die ‚Frau am Werk' erschien seit Januar 1936 und wurde im Juni 1941 zusammen mit allen fachlichen Schulungsblättern der DAF wegen Papiermangels eingestellt. Von mir wurden alle Jahrgänge analysiert.

## Die Deutsche Kämpferin

Die von Sophie Rogge-Börner herausgegebene Monatsschrift vertrat eine radikale Minderheitsposition innerhalb der NS-Aktivistinnen. Die Zeitschrift trat sehr pointiert und ohne erkennbare taktische Konzessionen an die NSDAP für die volle gesellschaftliche Gleichberechtigung der Frau in allen Lebensbereichen ein. Dabei kritisierte sie in oft sehr scharfen Worten die Frauenpolitik der NSDAP, obgleich die Schriftleiterinnen sich selbst als Nationalsozialistinnen verstanden. Bezüglich anderer ideologischer Positionen wie Rassismus, Antisemitismus und die Einstellung zur Sexualität befand sich die frauenrechtlerische Deutsche Kämpferin aber ganz auf der offiziellen Parteilinie. Im Juni 1937 wurde die Zeitschrift verboten. Von mir analysiert wurden alle Jahrgänge.

Zusätzlich analysiert wurden zahlreiche von Frauen verfasste Bücher, Propagandabroschüren und Schulungsunterlagen, die sich thematisch mit der Rolle der Frau im nationalsozialistischen Staat auseinander setzen.

Bei der Auswertung war stets zu berücksichtigen, dass es im Dritten Reich nur eine gelenkte Presse gab, die wenig Raum für freie Meinungsäußerung ließ. Der gewaltige Propagandaapparat sah es als seine Aufgabe an, dem deutschen Volk die nationalsozialistischen ‚Wahrheiten' einzuhämmern, wobei die Ideologie sich gegebenenfalls den tagespolitischen Erfordernissen anzupassen hatte.

Die differierenden Positionen, die im Lauf der Jahre zu manchen Lebensbereichen im Schrifttum auftauchen, dürfen aber trotzdem nicht als bloße Propaganda abgetan werden. Zwar wurde nur das publiziert, was innerhalb einer von der Parteiführung gesteckten Toleranzgrenze lag, aber das, was in diesem Rahmen erschien, kann in vielen Fällen – zumindest bis Kriegsbeginn – als die ernst gemeinte Auffassung des jeweiligen Verfassers gewertet werden.

Zahlreiche Schriftleiterinnen und Funktionäre der DAF oder der NS-Frauenschaft übten ihre Ämter über Jahre hin aus, und eine genaue Analyse des Schrifttums zeigt, dass die Art der Darstellung, die abgehandelten Themen und die Betonung bestimmter ideologischer Positionen durchaus personengebunden sind. Konstant vertretene, mit persönlichem Engagement vorgebrachte Ansichten beispielsweise einer Alice Rilke lassen sich durchaus unterscheiden von einer Propaganda, hinter der die Verfasserin nicht unbedingt stehen muss.

Bei der inhaltlichen Gliederung der Arbeit wurde das Schwergewicht gelegt auf die Herausarbeitung der ideologischen Grundposition. Soweit es zum Verständnis notwendig erschien, wurde die ‚Wirklichkeit' in die Darstellung einbezogen und der Ideologie gegenübergestellt.

Am Anfang der Arbeit steht eine Betrachtung des ‚weiblichen Wesens', welches in seiner mystischen Überhöhung in alle zu diskutierenden Lebensbereiche hineinspielt. Auch in dem folgenden Kapitel, welches das Verhältnis der NS-Aktivistinnen zur bürgerlichen Frauenbewegung behandelt, werden grundlegende Einstellungen zu verschiedenen Lebensbereichen deutlich. Da die NS-Aktivistinnen sich selbst als ‚Kämpferinnen für die Bewegung' verstanden, andererseits aber bekannt ist, dass Frauen in der NSDAP über keinerlei Einfluss verfügten, soll im Folgenden das Politikverständnis der NS-Aktivistinnen hinterfragt werden. In diesem Zusammenhang ist auch die kurze Betrachtung der NS-Frauenorganisationen zu sehen. Hier sollen vor allem am Beispiel der NS-Frauenschaft

Organisationsstruktur, Führungsstil und Arbeitsgebiete der weiblichen Massenorganisationen aufgezeigt werden.

Ausführlich analysiert werden die Einstellungen der NS-Aktivistinnen zum Familienleben einschließlich der Beziehung zum männlichen Geschlecht und die Auffassung über Art und Berechtigung weiblicher Erwerbstätigkeit. Hier werden unterschiedliche Positionen zwischen NS-Aktivistinnen einerseits und den NS-Aktivisten andererseits deutlich; zudem erweisen sich gerade die Äußerungen über die weibliche Berufstätigkeit als eng verbunden mit den jeweiligen wirtschaftlichen Erfordernissen, so dass der Wirklichkeit in diesem Kapitel ein breiter Raum gebührt.

Eine vom Nationalsozialismus überzeugte Studentin erscheint bei der Intellektuellenfeindlichkeit der NSDAP als Widerspruch in sich. Wie die Analyse der Hochschulpolitik der NSDAP zeigt, wurde das Frauenstudium quantitativ und qualitativ kontinuierlich abgebaut. Trotzdem engagierten sich auch Studentinnen für den Nationalsozialismus. Ihr Selbstverständnis ist Gegenstand des folgenden Kapitels.
Die Arbeit schließt mit der Beschreibung der Lebensbedingungen der Frauen im zweiten Weltkrieg aus Sicht der nationalsozialistischen Propaganda.

Einen breiten Raum in dieser Arbeit nehmen wörtliche Zitate der NS-Aktivistinnen ein. Diese Vorgehensweise erschien mir notwendig, da der irrationale, bisweilen geradezu pathologische Charakter der NS-Ideologie sich nicht nur in ihren Inhalten, sondern auch in einem ganz spezifischen Sprachstil manifestiert. Je irrationaler und widersprüchlicher die vertretenen Ansichten sind, desto diffuser und nebulöser ist die gewählte Sprachform. Es handelt sich hier nicht einfach um schlechtes Deutsch. Dies könnte man im Interesse des Lesers umformulieren. Aber meiner Erkenntnis nach ist sprachliches Feingefühl hier nur von untergeordneter Bedeutung. Vielmehr findet bei der Analyse der faschistischen Sprache der Psychologe ein breites Betätigungsfeld. Es ist nicht meine Aufgabe, diese Sprachanalyse im Einzelnen zu leisten. Aber ich würde es geradezu für eine Verfälschung des nationalsozialistischen Schrifttums halten, die oftmals nur noch Mittels ,Psychologik' nachvollziehbaren Inhalte in eine rationale Sprache zu kleiden.
Nationalsozialisten sind nicht Verfechter einer beliebigen politischen Anschauung, mit denen man über Sinn oder Unsinn ihrer Auffassungen rational diskutieren könnte. Unlogik, Mystifizierung verbunden mit Rea-

litätsblindheit sind geradezu charakteristisch für diese Menschen, und ihre Sprache korrespondiert mit diesem Denken. Teilweise ist die Sprache sogar aufschlussreicher als der Inhalt. Deshalb kann ich es den LeserInnen leider nicht ersparen, dass sie sich nicht nur mit inhaltlichen-, sondern auch mit sprachlichen Ungereimtheiten und Widersprüchen auseinander setzen müssen.

Die Arbeit hat in erster Linie deskriptiven Charakter, denn sie liefert eine Beschreibung des Frauenbildes aus Sicht der NS-Aktivistinnen. Die Darstellung des nationalsozialistischen Selbstverständnisses aus weiblicher Sicht wirft viele Fragen auf und mag vielleicht Anreiz sein für eine tiefergehende sozialpsychologische Analyse, die Klaus Theweleit überzeugend für den nationalsozialistischen Mann gelungen ist. Für die nationalsozialistische Frau steht eine solche Analyse noch aus.

## 2 Das weibliche Wesen

Die Positionen, die NS-Aktivistinnen zu einzelnen Lebensbereichen einnehmen, basieren auf einem komplementären Menschenbild, das Unterschiede zwischen Männern und Frauen als wesens – und artgemäß festschreibt. Dabei gilt die gegenseitige Ergänzung der geschlechtsgebundenen Eigenschaften unter Vermeidung jeglichen auf Konkurrenz abzielenden Verhaltens als unabdingbar für den Fortbestand eines Volkes.

> „Niemals werden wir Forderungen der Gleichberechtigung der deutschen Frauen mit den Männern um des Prinzips der Gleichberechtigung willen aufstellen, sondern wir werden immer wieder die berechtigten Interessen der deutschen Frauen abhängig machen von den Gesamtnotwendigkeiten des deutschen Volkes" (Deutsches Frauenschaffen 1939, 4).

Werfen wir im Folgenden einen Blick auf die ‚Charakteristika des weiblichen Wesens' anhand der Aussagen einiger profilierter Nationalsozialistinnen.

### 2.1 Instinkt und Einfalt

Ausführlich beschreibt Guida Diehl in ihrem Buch ‚Die deutsche Frau und der Nationalsozialismus' ihre Vorstellungen vom weiblichen Wesen. Diehl, die als Führerin der 1916 gegründeten Neulandbewegung fanatisch gegen die Weimarer Republik agitiert hatte, verlor nach 1933 jeglichen Einfluss auf die NS-Frauenbewegung, ihr Buch fand aber weiterhin Verwendung als Schulungsunterlage und galt für die ideologische Ausrichtung der Frauen gewissermaßen als Standardwerk. Nach Diehl lebt die Frau im Gegensatz zum Mann in einer „unmittelbaren Beziehung zu dem Urgrund des Seins" (Diehl 1933, 86).

> „Sie steht als Mutter in einer geheimnisvollen Verwobenheit mit den Geheimnissen hinter den Dingen. ... Ehrfurcht ist ihr natürliches Gefühl, und aus ihr entspringt ein Sichwundernkönnen, Staunenkönnen, Schauen- und Empfangenkönnen. Sie hat ein Bewusstsein der eigentlichen Lebenstiefen, sie erlangt nicht erst durch verstandesmäßige Belehrung Kunde von ihnen, sondern durch unmittelbare Eindrücke, durch glaubendes Empfangen, durch geheimnisvolle Verbundenheit" (ebda).

Diehl vermag ihre mystischen Höhenflüge noch zu steigern, indem sie schreibt:

> „In allen Völkern ist diese [Unmittelbarkeit, d. Verf.] bei höher
> begabten Frauen zu einer Seherinnenkraft, einer lösenden Empor-
> hebung zum Ewig-Weiblichen, das hinanzieht, geworden" (ebda).

Diehl ist bewusst, dass der Lobgesang des ‚ewig weiblichen Wesens' mit
dem wirklichen Leben der meisten Frauen kaum etwas zu tun hat. Die
Entfremdung der Frau von ihrer eigentlichen Natur sieht sie allgemein
begründet im materialistischen Zeitgeist der Weimarer Republik, den
„männlich-scholastischen Denkformen" in Bildung und Ausbildung sowie der Vermännlichung in vielen auch von Frauen ausgeübten Berufen.

> „Weder von der intellektualistischen noch von der irgendwie ver-
> künstelten Frau gehen die Strömungen der ‚weiblichen Einfalt' aus,
> die alles Dunkle ins Gesunde, Gottesverbundene, Reine und Klare
> hineinzuziehen berufen sind. ... Ein Volk könnte leben ohne die
> äußere Berufsleistung seiner Frauen – es kann aber nicht leben,
> wenn ihre Herzenswärme erlischt. Der Mann kann diesen Mangel
> niemals ersetzen. Auch bei ihm ist die Herzenskälte untermensch-
> lich, und doch kann noch seine Verstandesschärfe oder auch seine
> äußere Leistung mit der Hand den Mangel einigermaßen ausglei-
> chen. Bei der Frau aber fehlt dann die Zentralkraft ihres ganzen
> Wesens" (ebda, 88).

In biblischer Schuldzuschreibung – man denke an die Vertreibung der
Menschen aus dem Paradies – macht Diehl das Verhalten der Frauen für
den ihrer Ansicht nach katastrophalen Zustand von Volk und Staat verantwortlich.

> „Wenn die Frauen sinken, so sinkt das ganze Volk mit ihnen, und
> wenn ein Volk gesunken ist, so sind vorwiegend seine Frauen daran
> schuld" (ebda, 8).

Der Nationalsozialismus habe sich zum Ziel gesetzt, einen neuen Frauentypus zu schaffen, denn:

> „Der deutsche Mann will ... an der deutschen Frau wieder hoch
> empor sehen können. Er will in ihr diese Hoheit, diesen Stolz und
> diese Wahrung der Frauenehre, daneben diesen heldischen Mutter-
> kampf neben aller Einfalt und urwüchsigen Fröhlichkeit bewun-
> dern können" (ebda, 113).

## 2.2 Die Germanin – kindhaft und stolz

Lydia Gottschewski, die bis zu ihrer Ablösung durch Gertrud Scholtz-
Klink am 24.2.1934 die Führung der NS-Frauenschaft innehatte, rekur-

riert bei der Festlegung weiblicher Wesensmerkmale auf die germanische Sagenwelt.

> „Aus der Frühzeit unserer Geschichte steigt die Gestalt der germanischen Frau herauf als die große H e r r s c h e r i n und H ü t e r i n d e s H a u s e s und damit der Ordnung und der Sitte überhaupt" (Frauen-Sonderausgabe der NSK 1939, 38, 8).

Die Kreierung des ‚nordischen Frauentypus' dient ihr als Beleg für die Achtung, mit der auch oder gerade der Nationalsozialismus der deutschen Frau begegne.

So habe die germanische Frau eine hohe Stellung in der nordischen Gemeinschaft eingenommen. Als Beweis für den Respekt, den die Germanen der Frau zollten, sei die Brautgabe zu werten, die aus einem Joch Rinder, einem voll ausgerüsteten Reitpferd und Waffen bestanden habe. In der Ehe sei die germanische Frau dem Mann gleichgestellt gewesen, was u.a. daran zu erkennen sei, dass auch ihr das Recht auf Beantragung der Ehescheidung zugestanden worden sei. Zudem habe die Frau über eigenes Vermögen verfügt (vgl. NS-Frauenbuch 1934, 53-55).

Als Charaktereigenschaften der nordischen Frau werden besonders hervorgehoben: „grüblerischer Tiefsinn", „kindhaftes Wesen", „Stolz" und „Ehrbewusstsein" (ebda). Das besondere Ehrgefühl habe sich u.a. dahingehend geäußert, dass die germanische Frau in Fragen der Blutrache oft unversöhnlicher und grausamer gewesen sei als der germanische Mann.

> „Oft dagegen ist es die Frau, die Sühne bis in das Letzte verlangt" (ebda, 53).

Aufschluss über die Vorstellungen von der Beschaffenheit des weiblichen Wesens vermitteln auch die Äußerungen Gottschewskis über die ‚nordische Liebe'. Die nordische Frau werde oft als „kühl" bezeichnet, und dieses „merkwürdig abwegige" Urteil stütze sich auf die Tatsache, dass die nordische Frau eine „tief eingewurzelte Scheu" davor habe, ihre Gefühle vor anderen zu offenbaren (ebda, 45).

> „Alle Beziehungen von nordischen Menschen stehen unter dem Zeichen des A b s t a n d e s , die Persönlichkeit des anderen wird voll anerkannt und geachtet. Auch die nordische Liebe hat, ...., diesen ‚Zug von innerer Ferne'" (ebda).

Trotz des zur Hochzeit geschenkten Reitpferdes gilt auch für die nordische Frau, dass sie ihr Daseinsglück vornehmlich an Heim und Herd in opfervoller Hingabe an ihre Mutterrolle findet.

> „Wir ehren und achten diesen stillen, verborgenen Schaffensbereich, das ständige Bereitsein, das behutsame Atmosphäreschaffen, das unaufhörliche Modellieren an der Seele des Kindes – die Schöpferhände der nordischen Frau" (ebda, 44).

Wohl zur Beruhigung des nordischen Mannes gedacht ist die Versicherung, dass die Frauen keinerlei Absicht hätten, aus diesem ‚verborgenen Schaffensbereich' heraus an die Öffentlichkeit und damit in Konkurrenz zum Mann zu treten.

> „Solange die Volksordnung sicher und gesund ist, hat es die nordische Frau gar nicht nötig, in angespannt-ängstlichem Wettbewerb mit dem Mann zu stehen, da sie durch ihr Sein gleichwertig ist" (ebda, 43).

Außerdem dränge das weibliche Wesen sowieso in eine andere Richtung als der männliche Wille. „Der schöpferische Wille des Mannes meint das Werk, der schöpferische Wille der Frau den Menschen" (ebda, 44). Für den Mann, der bis hier immer noch nicht von der Arglosigkeit seiner Lebensgefährtin überzeugt ist, wird als letztes Argument die bereits von Guida Diehl gepriesene ‚weibliche Einfalt' ins Feld geführt:

> „Allein die nordische Frau begreift den nordischen schöpferischen Mann, sie begreift die Tatsachen des Leistenmüssens, den Zwang zum Gestalten, auch wenn sie das Werk als solches nicht versteht" (ebda, 45).

Auch Lydia Gottschewski kann sich der Tatsache, dass die menschliche Entwicklung über die Germanen hinweggegangen ist, nicht völlig verschließen. Einen Einfluss der sozialen und wirtschaftlichen Entwicklung auf die Wesenszüge der Frau vermag sie aber nicht zu erkennen.

> „Das innerste Wesen der Frau ist nicht der Zeit verhaftet, sondern in die Zeitlosigkeit gebunden. Unberührt von allem Wandel sind die Ordnungen, in denen ihr Leben seine Vollendung sucht: Liebende, Gattin, Mutter" (NSFW 1938, 12, 375).

Die NS-Frauenschaftsführerin ist fest davon überzeugt, dass der Nationalsozialismus das Rad der Geschichte zurückdrehen und so das nordische Frauentum zu neuer Blüte bringen werde.

> „Erst heute, in einer Zeit, die unter dem Gesetz des Heldentums und der Leistung steht, kann nordisches Frauentum von neuem seine volle Auswirkung erfahren. Denn die Forderung heldischen Lebens gilt für beide, Mann und Frau, nur das die Formel beim

Manne heldischer Kampf, bei der Frau heldisches Dienen heißt"
(NS-Frauenbuch 1934, 48).

## 2.3 Die Frau sei gleichberechtigt

Auch Sophie Rogge-Börner, deren Name eng mit der radikalen, auf E-
manzipation bedachten Minderheit in der NSDAP verbunden ist, bezieht
ihr Frauenbild aus den germanischen Sagen. Allerdings gelangt sie zu völlig anderen Schlussfolgerungen als die bisher zitierten NS-Aktivistinnen.

Während die meisten Nationalsozialistinnen aus ihrem komplementären Menschenbild heraus den Geschlechtern unterschiedliche gesellschaftliche Funktionen zuweisen, wobei die Frauen ausschließlich auf ihre Mutterrolle fixiert werden und darüber hinaus nur noch durch ihre
Einfalt glänzen, fordert Rogge-Börner unter Bezugnahme auf eben dieses
komplementäre Menschenbild, dass alle Positionen in der Gesellschaft
gleichberechtigt von Männern und Frauen zu besetzen seien.

> „Die Arbeitsteilung regelt die Natur, indem das Waffenwerk über-
> wiegend vom Mann, das Werk der Kinderaufzucht überwiegend
> von der Frau vollbracht wird, was aber häuslicher veranlagte Män-
> ner nicht hindert, sich mehr häuslich zu verhalten, starken weibli-
> chen Führerpersönlichkeiten alle Wege in außerhäusliche und öf-
> fentliche Betätigung freilässt; denn Grenzenfestsetzung zwischen
> männlichen und weiblichen Aufgaben kennt die germanische Ge-
> meinschaft nicht" (Die Frau 1934, 6, 336).

In der germanischen Welt fände sich nirgends eine Trennung in ein be-
fehlendes und ein gehorchendes Geschlecht. Der stärkere M e n s c h
setze sich durch und nehme die Führung an sich (vgl. ebda, 337).

> „Eine Volksgemeinschaft aus germanischem Artgesetz verlangt
> männliche und weibliche Führung, ...; auf den modernen Staat an-
> gewandt, würde das bedeuten, dass an den höchsten, den führenden
> Stellen in allen Ministerien und Behörden Männer und Frauen in
> gleicher Verantwortlichkeit stehen müssen" (ebda, 340).

# 3 Das Verhältnis der NS-Aktivistinnen zur Frauenbewegung

Das Verhältnis zur Frauenbewegung war für die NS-Aktivistinnen bis etwa 1934 ein zentrales Thema, das ausgiebig in Broschüren und Zeitschriften diskutiert wurde.

Bei der Durchsicht des Schrifttums fällt zunächst auf, dass die Diskussion sich auf die Auseinandersetzung mit der bürgerlichen Frauenbewegung beschränkt, während die Positionen der proletarischen Frauenbewegung schlichtweg ignoriert wurden. Bis auf Paula Siber hat keine der NS-Aktivistinnen auch nur die Existenz der proletarischen Frauenbewegung zur Kenntnis genommen; und auch Siber beschränkt die Auseinandersetzung auf einige wenige Nebensätze. Aber auch die vielfältigen Strömungen innerhalb der bürgerlichen Frauenbewegung werden keiner differenzierten Betrachtung unterzogen. Die Auseinandersetzung erschöpft sich letztlich in einer wortgewaltigen Anhäufung pauschalisierter Vorwürfe an die Adresse der Frauenbewegung, die in ihrer Aussagekraft mehr über die Geisteshaltung der NS-Aktivistinnen verraten als über die Ziele und Absichten der Frauenbewegung.

## 3.1 Die Emanzipation von der Frauenemanzipation

Bertha Braun und Sofia Rabe befinden sich mit ihrer radikalen Ablehnung der Frauenbewegung und in ihrer extremen Vorstellung von der ‚natürlichen' Rollenverteilung der Geschlechter ganz auf der männlichen, von Alfred Rosenberg formulierten Parteilinie. In direkter sprachlicher Übereinstimmung mit Rosenberg (vgl. Rosenberg 1943 (1930), 512) schreibt Rabe:

> „Emanzipation von der Frauenemanzipation ist die erste Forderung einer weiblichen Generation, die Volk und Rasse, das Ewig-Unbewusste, die Grundlage aller Kultur vor dem Untergang retten möchte" (Rabe 1932, 6). „Unser Kampf ist kein Kampf im alten frauenrechtlerischen Sinne, sondern ein Kampf um das Recht und die Freiheit, dienen und helfen zu dürfen" (ebda, 5).

In dieselbe Richtung argumentiert Bertha Braun mit ihrer Aussage: „Viel geben und wenig fordern ist höchstes Frauenrecht" (Braun 1932, 6).

Der bürgerlichen Frauenbewegung wirft Braun vor, dass sie sich durch Aufstellung des Gleichberechtigungsgrundsatzes einseitig an männlichen Wertvorstellungen orientiert und sich damit vom Wesen der Frau, dessen

Stärke in seiner „Opferbereitschaft" liege, entfernt habe (ebda.). Das Ergebnis der Arbeit der Frauenbewegung sei „nicht die geistige Befreiung der Frau, sondern ihre restlose Kapitulation vor männlichem Geist" (ebda, 9, i.O. gesp.).

Darüber hinaus kennzeichne das „liberal-individualistische" Gedankengut verbunden mit pazifistischen und internationalen Tendenzen die Frauenbewegung als „eine im Kern undeutsche Bewegung" (ebda, 10, i.O. gesp.), in der zudem zahlreiche Jüdinnen auch in führenden Positionen tätig gewesen seien (vgl. ebda, 5).

Auch die Referentin für Frauenbewegung im Innenministerium, Paula Siber von Groote, kritisiert an der bürgerlichen Frauenbewegung, dass sie die Bedeutung des Intellekts überbetont habe, während die marxistische Frauenbewegung zu einseitig materialistisch orientiert gewesen sei. Beide Frauenbewegungen hätten sich mit ihren Forderungen vom Wesen der Frau entfernt und so mit zur Zerstörung der Familie beigetragen. Als Ausgleich für den Verlust der Familie sei „die nun wurzellos gewordene Frau unter der Herrschaft des demokratischen Gedankens zu einem Großteil der jüdischen Lehre von der Geschlechtergleichheit und Geschlechterfreiheit" verfallen (Siber 1933, 8).

Allerdings widerspricht Siber entschieden der vor allem von männlicher Seite immer wieder vorgebrachten Auffassung, dass der Wirkungskreis der Frau in Zukunft ausschließlich auf Haus und Hof zu beschränken sei.

> „Mit dem brutalen Unverstehen: ‚Schafft den Frauen Männer' und ‚Stellt die Frauen an die Kochtöpfe' ist heute keine Frauenfrage zu lösen, denn der ebenso eindeutige wie brutale Weg der organischen Entwicklung der Völker und der Wirtschaft hat sich gegen diese an sich naturgegebene Forderung entschieden" (ebda, 12).

Lydia Gottschewski ist der Ansicht, dass die Frauenbewegung mit ihrer Forderung nach sexueller Emanzipation einen schädlichen Einfluss auf die Institution der Ehe gehabt habe, die nunmehr auf die „Stufe der gesetzlich geschützten Prostitution" hinabgesunken sei. Die Betonung des Rechtscharakters der Ehe habe mit dazu beigetragen, dass die Ehe ihrer „Heiligkeit" entkleidet worden sei. Die „Entgöttlichung" und „Verweltlichung" der Ehe sei von der Frauenbewegung forciert worden und habe zur „Entsittlichung weitester Kreise" des Volkes geführt (Gottschewski 1934, 24-27).

Gottschewski hat volles Verständnis für die Härte und Aggressivität, mit der ihre männlichen Parteigenossen der Frauenbewegung entgegengetreten sind. Es erscheint ihr „natürlich" und „gesund", dass diese „aus dem Soldatentum geborene Bewegung" in der alten Frauenbewegung ihren „gefährlichsten Feind" sah und sie daher mit „voller Wucht" und ganzer Energie bekämpfte (ebda, 40).

Da Gottschewski selbst wie die überwiegende Mehrheit der NS-Aktivistinnen die Forderung nach Gleichberechtigung verwirft und im „Opfern" und „Dienen" den Sinn weiblichen Lebens sieht (ebda, 9), kann sie sich unschwer mit dem „natürlichen Aufstand der männlichen Kräfte gegen das drohende Entwertetwerden" identifizieren (ebda, 40).

Umso erstaunlicher ist in diesem Zusammenhang, dass Gottschewski durchaus erkennt, dass der „Kampf der männerbündischen Front" sich nicht nur gegen die Frauenbewegung, „sondern gegen die Frau als solche und ihre Stellung in der Gemeinschaft" richtete (ebda).

> „Die Frau sollte jedes Eigenwertes beraubt, zum willenlosen Trabanten in der Bahn des Mannes gemacht, jeder weibliche Einfluss auf das Leben der Gesamtheit zurückgedrängt und ausgeschaltet werden" (ebda).

Ihre männlichen Parteigenossen versucht sie mit der Behauptung in die Defensive zu drängen, dass die „Wortführer des Männerrechts" sich in ihrer Argumentation ausgerechnet auf das Buch eines Juden stützten. In diesem Buch sei geradezu jeder Satz in „peinigender Weise der orientalischen Idee der Sündhaftigkeit alles Geschlechtlichen verhaftet" (ebda, 40 f.). Als Gipfel der Perfidie erscheint der überzeugten Antisemitin die in dem Buch getroffene Gleichsetzung von ‚Weib' und ‚Jüdin'.

Trotz ihrer Ablehnung der Überbetonung des „männerbündischen Gedankens" (ebda, 9), erweist sich Gottschewski als unfähig, den Zusammenhang zwischen der im Herrenmenschentum gipfelnden rassistischen Weltanschauung und der Frauenfeindlichkeit der NSDAP herzustellen.

Stattdessen greift sie selbst zu einer rassistischen Argumentationsweise, derzufolge man durchaus zwischen hoch stehenden und minderwertigen Frauen unterscheiden könne. So geht es ihr letztlich nicht um die Betonung der grundsätzlichen Gleichwertigkeit von Mann und Frau, sondern sie fordert diese Anerkennung ausschließlich für die nordische, d. h. deutsche Frau.

„..., es ist höchste Zeit, dass deutsche Menschen sich die Unver-
schämtheit verbitten, mit der dem nordischen Manne die Orienta-
lin gegenübergestellt und dann ‚Vergleiche‘ zwischen ‚Mann‘ und
‚Weib‘ gezogen werden. Wir müssen, auch in Bezug auf die psycho-
logische Erforschung der Geschlechter, zu nachdrücklicher Anerkennung der rassischen Unterschiede gelangen" (ebda, 41)

„Wenn Werturteile gefällt und Vergleiche gezogen werden sollen,
so besteht diese Möglichkeit nur zwischen Mann und Frau der gleichen Rasse!" (ebda, 42).

Will man die Kritik an der bürgerlichen Frauenbewegung auf einen Punkt
bringen, so kann man ohne zu übertreiben sagen, dass der Frauenbewegung hauptsächlich vorgeworfen wird, dass sie überhaupt eine Frauenbewegung gewesen ist. Immer wieder betonen die NS-Aktivistinnen, dass
sie jeglichen Emanzipationsbestrebungen eine Absage erteilen und sie
verwerfen entschieden die Forderung nach Gleichberechtigung oder gar
sexueller Freizügigkeit als der Frau nicht art- und wesensgemäß.

Teilweise erwecken die Einlassungen der NS-Aktivistinnen den Eindruck, als seien sie weniger zur Klärung des eigenen Standpunktes als
vielmehr zur Beruhigung der um ihre Privilegien fürchtenden Männer ge-
schrieben.
    Nach den Angriffen auf die Frauenbewegung und den penetranten
Beschwörungsformeln ‚keine Angst, wir wollen ja gar nichts‘ ist es eini-
germaßen erstaunlich, dass sich hier und dort doch Kritik an männlichen
Verhaltensweisen – Parteigenossen eingeschlossen – findet.

Eine ernsthafte Auseinandersetzung mit frauenfeindlichen Attitüden findet aber an keiner Stelle statt. Sofern Frauenfeindlichkeit überhaupt
konstatiert wird, wird sie als zu überwindender Auswuchs aus der An-
fangszeit der Bewegung dargestellt oder als die Privatmeinung einzelner
abgetan, die sich schon überleben werde (vgl. Diehl 1933, 76 f). Die Tatsache, dass die Frauenfrage jahrelang in der Partei so gut wie keine Rolle
spielte, wird verständnisvoll kommentiert:

„In seinem männlichen Kampfe um die Erringung der Macht im
Staate konnte für den Nationalsozialismus das Problem der Frauenfrage sehr natürlicherweise nur eine untergeordnete Rolle spielen" (Siber 1933, 11).

Voller Optimismus gehen die NS-Aktivistinnen aber davon aus, dass die Lösung der Frauenfrage nach der Machtergreifung zu einem zentralen Thema nationalsozialistischer Politik werden würde, und dass die Gesamthaltung der Partei von zunehmenden Verständnis für die besonderen Aufgaben der deutschen Frauen im neuen Deutschland getragen sei (vgl. Siber 1933, 11 f und Diehl 1933, 77).

## 3.2 ‚Seelische Mütterlichkeit' als tragendes Element der nationalsozialistischen Frauenbewegung

Nach der so harschen Ablehnung der bürgerlichen Frauenbewegung stellt sich natürlich die Frage, welche Aufgaben und Ziele sich eine nationalsozialistische Frauenbewegung setzt.

Sofia Rabe glaubt, die Frauenfrage allein durch die Tatsache der nationalsozialistischen Machtergreifung als gelöst betrachten zu können.

> „Tritt die Frau in die nationalsozialistische Bewegung ein, so lässt sie die Frauenbewegung als unwesentlich hinter sich, da nach dem Grundsatz: Gemeinnutz geht vor Eigennutz, eine spezielle Frauenfrage für sie nicht mehr bestehen kann." (Rabe 1932, 12, i.O. gesp.)

Diese Auffassung erscheint konsequent und logisch. Denn welche Aufgaben können sich schon einer Frauenbewegung stellen, die den Gedanken an Gleichberechtigung und Emanzipation so eindeutig verwirft?

Aus dem Schrifttum geht hervor, dass die Nationalsozialistinnen selber Schwierigkeiten bei der Beantwortung dieser Fragen haben. Soweit sie sich überhaupt zu dem Thema äußern, bleiben ihre Aussagen sehr oberflächlich und diffus.

Einig sind sich die NS-Aktivistinnen, dass im nationalsozialistischen Staat der Kampf zwischen den Geschlechtern aufgehoben werden müsse zugunsten eines harmonischen, konkurrenzfreien Zusammenlebens von Mann und Frau, das stets auf das Wohl des Volksganzen ausgerichtet sein müsse. Die neue Frauenbewegung werde „die Gesamtheit über die Frauenbelange und das Volkswohl über das Stimmrecht stellen" (Gottschewski 1934, 70).

Die eigentliche Aufgabe einer nationalsozialistischen Frauenbewegung bestehe darin, in den Frauen den Willen zum Kind wieder zu erwecken (vgl. Siber 1933, 20, 23). Nach Gottschewski sollen aber auch kinderlose Frauen ihre „seelische Mütterlichkeit" in die nationalsozialistischen Frauenorganisationen einbringen.

> „Seelische Mütterlichkeit, die ja unabhängig von leiblicher Mutterschaft und eine ‚wundervolle Neuschöpfung der jungfräulichen Seele' bedeutet, ist das bestimmende, im Stillen leuchtende Merkmal der neuen Frauenbewegung." (Gottschewski 1934, 71).

Mit der Neubewertung der Mutterrolle scheint sich für die meisten NS-Aktivistinnen der Aufgabenbereich der nationalsozialistischen Frauenbewegung zu erschöpfen. Etwas dezidierter äußert sich Gottschewski:

> „Wir müssen den Mut aufbringen, dem Dogma der freien Persönlichkeit mit ganzer Entschlossenheit den Rücken zu kehren." (ebda, 72).

Individuelle Freiheit führe in aller Regel zu einem zügellosen, unsittlichen Lebenswandel. Dieser Gefahr müsse die NS-Frauenbewegung durch „Bildung einer neuen Sitte" aufs Schärfste entgegentreten. Dabei hält Gottschewski es für völlig „unnötig zu betonen, dass das Werden dieser neuen Sitte nicht von ‚unten', sondern von ‚oben' ausgehen muss, nicht von den Geführten, sondern von den Führerinnen ... ." (ebda, 73).

## 3.3 Eine Minderheit kämpft für Gleichberechtigung

Von allen mir bekannten Nationalsozialistinnen, die sich öffentlich geäußert haben, fühlten sich lediglich die Schriftleiterinnen der Deutschen Kämpferin den Traditionen der bürgerlichen Frauenbewegung wenigstens teilweise verbunden. In ihren Äußerungen über das Verhältnis der Geschlechter zueinander weichen sie sogar erheblich von dem bisher skizzierten Meinungsbild ab.

So bedauert Lenore Kühn ausdrücklich die Zwangsauflösung des ‚Bundes Deutscher Frauenvereine' und würdigt die traditionsreiche Arbeit des Bundes (DK 1933, 1, 40 f). Noch wesentlich drastischer äußert sich drei Monate später die Lehrerin Sophie Philipps in einem Artikel zur Gleichschaltungspolitik der Regierung:

> „Der Männerstaat macht mit Gewalt die Frauen, die uns bisher geführt haben, mundtot, obgleich sie weder Jüdinnen noch internationale Pazifistinnen sind, sondern die Frauen, die auf keinen Fall den Versailler Vertrag unterzeichnen wollten. Das männliche Idealbild der Frau, möge es Gretchen, Kätchen oder Klärchen heißen, wird sich auf Befehl nicht wieder heranzaubern lassen, das gehört der Vergangenheit an." (DK 1933, 4, 72).

In ihrer Empörung findet Philipps sogar lobende Worte zur Frauenpolitik der sonst so verhassten Weimarer Republik:

„Eine demokratisch-liberale Regierung erkannte die bürgerliche Gleichberechtigung der Geschlechter an, nachdem die Frau ihre Befähigung zur Arbeit im Staat erwiesen hatte. ... Ein nationaler Staat entrechtet die deutsche Frau, will seine Männer wohl von ihr wählen lassen, aber ihr keinen Platz in der Volksvertretung geben. Sagt nicht, dass die Masse der Frauen keine Rechte will." (ebda).

Im Februar 1934 rezensiert Hanna Otto in der Deutschen Kämpferin Lydia Gottschewskis Buch ‚Männerbund und Frauenfrage'. Otto kritisiert ausführlich und in aller Schärfe Gottschewskis ausschließlich negative Beurteilung der bürgerlichen Frauenbewegung. Hanna Otto charakterisiert die bürgerliche Frauenbewegung als „Aufbruch nordisch gearteten Frauentums" und widerspricht Gottschewskis Aussage, dass die Frauenbewegung einem „verschwommenen westlerischen Liberalismus" entsprungen sei. Die Rezensentin lobt an der alten Frauenbewegung, dass sie für eine gediegene Mädchenschulbildung gekämpft habe. Ähnlichkeiten zwischen der nationalsozialistischen und der bürgerlichen Frauenbewegung sieht Hanna Otto in den Vorstellungen über das Wesen und die Aufgabengebiete der Frau, die sich an dem Begriff der „seelischen Mütterlichkeit" festmachen ließen.

Besonders aufschlussreich ist es, welche Punkte in Gottschewskis Buch einer positiven Kritik unterzogen werden. So erscheint es der Rezensentin als „sehr wertvoll, dass in eindringlicher Weise auf die Gefahren der Überbetonung des Männerbündischen hingewiesen wird" (vgl. DK 1934, 2, 28 f). Auch die Herausgeberin der Deutschen Kämpferin, Sophie Rogge-Börner, kommentierte die frauenfeindliche Politik der NS-Regierung ausgesprochen sarkastisch:

„Wie schwach und unsicher müssen deutsche Männer sich fühlen, dass sie ein starkes, selbstbewußtes, mitbestimmendes Frauentum nicht mehr neben sich ertragen können!" (DK 1935, 11, 323).

Rogge-Börner geht aber auch mit ihren Geschlechtsgenossinnen hart ins Gericht. Noch beschämender als das Verhalten von Männern, die den Frauen die selbstverständlichsten Rechte verweigerten, seien die Erfahrungen, die Frauenrechtlerinnen mit ihren Geschlechtsgenossinnen machen müssten, deren einziges Interesse oftmals darin zu bestehen scheine, „die Gunst des mannhälftigen Wesens zu gewinnen" (DK 1935, 11, 323). Darüber hinaus erkennt Rogge-Börner sehr klar, dass die vom Nationalsozialismus negierte Berechtigung von Gruppeninteressen hauptsächlich zu Lasten der Frauen geht:

„Warum wird unsern Männern kein Vorwurf daraus gemacht, dass sie so fanatisch auf i h r e ‚Rechte' bedacht sind? Jeder Mann ist individualistisch genug, seine wirklichen wie seine vermeintlichen Rechte skrupellos gegen alle Widerstände durchzusetzen. Nur deutsche F r a u e n verwahren sich zitternd und knechtisch dagegen, etwa Rechte fordern zu wollen. ... Wer sich seiner natürlichen, vor Gott und Menschen als sittliche Verpflichtung ihm auferlegten Rechte freiwillig entäußert, ist ehrlos und ein Feigling – sei er Frau oder Mann." (DK 1935, 11, 324).

# 4 Frauen haben in der NSDAP nichts zu sagen

Die NSDAP war ihrer Organisationsstruktur nach ein reiner Männer-bund, der Frauen erst ab 1929/30 in erwähnenswertem Umfang in seine Reihen aufnahm.

Es gab zwar schon in den zwanziger Jahren nationalsozialistische Frau-enorganisationen wie etwa den Deutschen Frauenorden unter Führung von Elsbeth Zander oder die von Guida Diehl ins Leben gerufene Neu-landbewegung und den Deutschen Frauenkampfbund; diese Gruppierun-gen waren aber organisatorisch selbstständig, und ihre Mitglieder waren nur in den seltensten Fällen auch Mitglieder der NSDAP.

Die Analyse von Lebensläufen ‚alter Kämpferinnen‘, die bereits Ende der zwanziger Jahre als Einzelmitglieder der Partei beitraten, legt den Schluss nahe, dass die Frauen zu diesem Schritt vielfach von ihren Män-nern ermuntert wurden, die in der Regel selbst schon viele Jahre der NSDAP angehörten. An einer aktiven politischen Mitarbeit von Frauen hatte die NSDAP nicht das geringste Interesse. In diesem Sinn wurden Frauen schon 1921 von der Mitgliedschaft im Parteivorstand ausge-schlossen (vgl. Schoenbaum 1980, 227).

Soweit die führenden Nationalsozialisten in ihren Schriften zum Thema ‚Frau‘ überhaupt Stellung bezogen, sprachen sie sich eindeutig gegen die Einbeziehung der Frau in die politische Verantwortung aus (vgl. Hitler, zit. in Domarus 1962, 451, 531 und Rosenberg 1943 [1930], 494 f, 512).

Gänzlich ignorieren konnten sie die Frauen allerdings nicht. Zum ei-nen waren die Frauen als Wählerpotenzial unentbehrlich, andererseits war ihre immer während Verfügbarkeit als karitative Hilfstruppe von gro-ßem Nutzen. Hier ist natürlich zu fragen, welche Haltung die NS-Aktivistinnen zu diesem rigide verfochtenen männlichen Führungsan-spruch einnahmen, welches Politikverständnis ihrer eigenen Arbeit zu Grunde lag, wie ihre Arbeit tatsächlich beschaffen war und in welchen Organisationsformen sie sich niederschlug.

## 4.1 Die Politikerin – eine ‚unharmonisch entwickelte Gestalt‘

Der überwiegende Teil der NS-Aktivistinnen hat sich offenbar willig der männlichen Dominanz unterworfen. Der Ausschluss der Frauen aus der politischen Mitverantwortung erscheint, wenn man den Einlassungen Guida Diehls folgt, geradezu als ein Akt der Ritterlichkeit. Mit sehr viel

Liebe zum Detail beschreibt Diehl die von ihren Parteigenossen angezettelten Saalschlachten und Straßenkämpfe und spart nicht mit Bewunderung für den Kampfesmut der ‚braunen Helden'. Schlägereien galten den nationalsozialistischen Damen als durchaus akzeptables politisches Kampfmittel, das als Ausdruck männlicher Entschlossenheit vollste Anerkennung verdiene. Dem zarter besaiteten Wesen der Frau sei diese tatkräftige Form der Auseinandersetzung aber nicht gemäß, so dass ihr nur das Gebiet des „geistigen Kampfes" bleibe (vgl. Diehl 1933, 50, 75 und Gottschewski 1934, 31 f).

> „Aber freilich hatte die Bewegung zunächst rein männliches Gepräge. Sie setzte dem Manne Kampfesaufgaben. Wenn zunächst ‚Die Straße frei' werden musste ‚den braunen Bataillonen', wenn in der Saalschlacht das Feld behauptet werden musste, da waren Frauen nicht am Platz." (Diehl 1933, 50)

Doch auch die geistige Auseinandersetzung scheint nach Auffassung vieler NS-Aktivistinnen der Weiblichkeit abträglich zu sein. Für die Jurastudentin und Reichsleiterin der ANSt Raba Stahlberg entfremdet sich die Frau durch politisches Engagement von ihrem Wesen und verliert damit jeglichen fraulichen Reiz.

> „Wo immer eine Frau an exponierter Stelle im politischen Leben steht, wo der Konkurrenzkampf mit dem Mann ihre physischen Kräfte überanstrengt, wo sie mit qualvoll angespannten Stimmbändern am Rednerpult oder, die Glocke schwingend, am Vorstandstisch steht, wo sie darauf angewiesen ist, dem Erfolg nachzujagen, dem Gegner jeden Vorteil abzuringen und schmutziger Verleumdung mit entsprechender Schärfe der Selbstbehauptung entgegenzutreten, - überall dort entbehrt die Frau mit geringen Ausnahmen ihrer vornehmsten Wirkung: Jenes heimlichen Zaubers, der in dem rauen Klima der Öffentlichkeit nicht mehr gedeiht. .....Ein heimliches Grausen geht d i e s e n u n h a r m o n i s c h e n t w i c k e l t e n G e s t a l t e n v o r a u f, auch heute noch, wo der Typus des berüchtigten Blaustrumpfs schon längst durch die nicht minder berüchtigt gewordene ‚Parlamentarierin' abgelöst ist." (Raba Stahlberg, zit. in Lauer 1932, 31)

Ins gleiche Horn stößt Dorothea Gärtner mit ihrem Vorschlag, den Frauen neben dem passiven auch das aktive Wahlrecht wieder zu entziehen.

> „Und das Wahlrecht nimmt man der Frau, weil sie es ja nicht mehr braucht. Der aufreibende Kampf in den Parlamenten ist nicht für

den feinnervigen Organismus der Frau geeignet. Wenn nun keine Frauen gewählt werden, dann brauchen wir auch keine, die wählen müssen." (Dorothea Gärtner, zit. in Lauer, 1932, 18))

## 4.2 Die Frau kämpft auf ‚hausmütterliche Weise'

Hand in Hand mit der krassen Ablehnung politischer Betätigung und Mitverantwortung vertreten die NS-Aktivistinnen aber die Auffassung, dass es gerade der Nationalsozialismus gewesen sei, der „zum ersten Mal in der deutschen Geschichte die Frau politisch erweckt und erfasst" habe (NSFW 1936, 24, 774). Diesen offensichtlichen Widerspruch versuchen die NS-Aktivistinnen zu reduzieren durch eine recht eigenwillige Auslegung des Politikbegriffes.

Lydia Gottschewski hält es für unumgänglich, die politische Frauenarbeit neu zu definieren, auf dass die „aus der Wesensmitte der Frau entspringende(n) Kräfte fruchtbar gemacht werden für das Leben des Staates" (Gottschewski 1934, 81 f). Dem weiblichen Wesen entsprechend sollten die Frauen den politischen Kampf vornehmlich an der karitativen Front auf „hausmütterliche Weise" führen (vgl. Frauensonderausgabe der NSK 1939, 38, 10). Illustrierend für dieses Politikverständnis sind die Veranstaltungen, die eine NS-Frauengruppe im Jahre 1927 durchführte:

> „32 Nähabende, 12 Abendverbandkurse, ein Vortrag über die Rassenfrage, ein großer Schubertabend, eine Sonnwendfeier. Sie richtete SA-Küchen und SA-Mittagstische ein, ..." (ebda, 11).

Die Ausschaltung der Frauen aus der politischen Verantwortung und ihre Beschränkung auf hausmütterliche und karitative Tätigkeiten wurde während der ganzen Jahre der nationalsozialistischen Herrschaft – im Gegensatz zu anderen Bereichen des öffentlichen Lebens – konsequent beibehalten.

Noch 1943, also zu einer Zeit, in der es in Deutschland bereits überall an Führungs- und auch Hilfskräften mangelte, wird in einer Broschüre noch einmal ganz klar zum Ausdruck gebracht, dass eine Frau sich nur im äußersten Notfall, nämlich wenn es an männlichen Hilfskräften fehle, politisch betätigen dürfe. Aber auch dann dürfe ihr Einsatz nur auf untergeordneter Ebene, z. B. in den Ortsgruppen, erfolgen. Die Beschreibung dieses äußersten Notfalles ist so grotesk, dass ich sie den LeserInnen nicht vorenthalten möchte:

> Es können sogar Fälle eintreten, wie nach einem Luftangriff, bei denen es angebracht oder notwendig ist, die häuslichen Pflichten

beiseite zu schieben, um Aufgaben der Gemeinschaft zu erfüllen."
(Front der Frau und die Parteigenossin 1943, 4).

Der Frau müssen also schon Bomben auf den Kopf fallen, ehe sie die Berechtigung hat, in der Öffentlichkeit aktiv zu werden. Wie angstbesetzt die Vorstellung von der politisch selbstständigen, denkenden und handelnden Frau ist, zeigt auch das folgende Zitat deutlich:

> „Die Parteigenossin ist also in erster Linie Frau. ...Wir wollen keine Mannweiber und keine Flintenweiber, aber auch keine Vamps und weiblichen Parasiten." (ebda).

Es gab allerdings einige Nationalsozialistinnen, die gegen die Entpolitisierung der Frau Stellung bezogen. So finden sich in der Deutschen Kämpferin zahlreiche Artikel, die die Ausschaltung der Frauen aus der politischen Verantwortung in scharfer Form anprangern. Sophie Rogge-Börner selbst sandte kurz nach der Machtergreifung eine „Denkschrift" an Hitler und an den damaligen Vizekanzler Franz von Papen, in der sie eindringlich darauf hinwies, dass im neuen Staat Männer und Frauen gleichberechtigt in allen Bereichen des öffentlichen Lebens eingesetzt werden müssten. Diese Forderung gelte in ganz besonderem Maße für die Politik.

> „Und wenn irgend ein Gebiet des Einsatzes der befähigten Frau bedarf, so ist es das der Politik, der Innen- wie Außenpolitik." (DK 1933, 2, 18).

Die Denkschrift hatte keinerlei praktische Wirkung. Der Reichskommissar für das Land Preußen ließ Sophie Rogge-Börner lediglich mitteilen, dass er die Denkschrift erhalten und zur Kenntnis genommen habe (vgl. ebda, 19). Weitere Reaktionen erfolgten nicht.

# 5 Die nationalsozialistischen Frauenorganisationen

## 5.1 Massenorganisationen ohne Einfluss

Dass die Ausschaltung der Frau aus dem öffentlichen Leben nicht nur Ideologie, sondern konsequent betriebene Politik war, zeigt ein kurzer Blick auf die Entwicklung der nationalsozialistischen Frauenorganisationen.

Am 6. Juli 1931 wurden die bis dahin – meist auf örtlicher Ebene – selbstständig agierenden nationalsozialistischen Frauenorganisationen auf Anordnung der Parteiführung aufgelöst und in die am 1. Oktober 1931 gegründete NS-Frauenschaft überführt.

Propagandistisch wurde die NS-Frauenschaft als weibliche Eliteorganisation hingestellt; ihre praktischen Einflussmöglichkeiten wurden aber systematisch reduziert. So wurde ihr die Erziehung der weiblichen Jugend weitgehend aus der Hand genommen und dem BDM, bzw. dem weiblichen Arbeitsdienst übertragen. Die berufstätigen Frauen wurden vom Frauenamt der DAF betreut. Der NS-Frauenschaft und dem ihr eng verbundenen Frauenwerk verblieben als Zielgruppe letztlich nur die Haus- und Landfrauen sowie die Betreuung der sechs- bis zehnjährigen Kinder. Am 29. März 1935 wurde die NS-Frauenschaft zur Gliederung der Partei erklärt, was ihre Eigenständigkeit weiter einschränkte.

In ihrer konkreten Arbeit beschränkten sich die Frauenorganisationen mit Ausnahme des Frauenamtes der DAF auf die Gebiete der Arterhaltung durch Mütterschulung und Hebung des Rassebewusstseins, auf Hauswirtschaft und sozialen Hilfsdienst. Von den insgesamt neun Hauptabteilungen der NS-Frauenschaft wurde die Abteilung „Mütterdienst" als Erste eingerichtet und in den folgenden Jahren stetig ausgebaut.

Dem äußeren Anschein nach unterstanden alle Frauenorganisationen weiblicher Führung. Dies war aber nicht mehr als ein geschickter propagandistischer Schachzug, der mit den realen Machtverhältnissen nichts zu tun hatte. So waren die Gau-, Kreis- oder Ortsgruppenleiterinnen der NS-Frauenschaft dem jeweiligen männlichen politischen Leiter der NSDAP disziplinarisch unterstellt. Das deutsche Frauenwerk, das als Sammelbecken für alle Frauen und vor allem die ehemaligen bürgerlichen Frauenverbände fungierte, war schon von der NS-Frauenschaft abhängig, da seine Führerinnen alle Mitglieder der Frauenschaft waren. Aber auch beim BDM, beim weiblichen Arbeitsdienst und in der ANSt lagen die politische Macht und reale Entscheidungsbefugnis eindeutig in männlicher Hand (vgl. Das Dritte Reich im Aufbau 1939, 429 f). Unter diesem Aspekt sind auch die Ämterhäufung Gertrud Scholtz-Klinks und ihre Ernennung zur Reichsfrauenführerin zu werten.

Der erbitterte Konkurrenzkampf um die Einflussmöglichkeiten auf die Frauenorganisationen, den sich Heß, Hilgenfeld, Ley und Frick nach der Machtergreifung lieferten, konnte schließlich durch die Ernennung der politisch farblosen Scholtz-Klink entschärft werden, die zwar von Hilgenfeld und Heß protegiert wurde, selbst aber keine eigene Hausmacht innerhalb der NSDAP besaß und auch keinen direkten Zugang zum Führer hatte.

Überhaupt scheint nach den mir vorliegenden Informationen ihr persönlicher Ehrgeiz ihre gesamtpolitischen Ambitionen bei weitem übertroffen zu haben.[4] Nach Winkler erregte der Führungsstil Gertrud Scholtz-Klinks oft den Widerspruch ihrer Mitarbeiterinnen, die sogar mehrfach – allerdings ohne Erfolg – auf eine Amtsenthebung ihrer Vorgesetzten drängten.

Der Reichsfrauenführerin wurde vor allem vorgeworfen, dass sie sich für die Frauenarbeit kaum eingesetzt habe, wochenlang ihrem Dienst fernblieb, an der Mehrung ihres Wohlstandes übermäßig interessiert gewesen sei und Intrigen zwischen ihren Mitarbeiterinnen gesponnen habe (vgl. Winkler 1977, 38-40). Die politische Farblosigkeit von Gertrud Scholtz-Klink dokumentiert sich nicht zuletzt in ihren Reden, die sich durchweg durch nebulöse Phrasenhaftigkeit auszeichnen und lediglich eine getreuliche Wiedergabe der Parteipropaganda, garniert mit Hitlerzitaten, darstellen. Die Reichsfrauenführerin vermied geradezu bewusst jegliche Profilierung und setzte nirgendwo Akzente, die auf das Vorhandensein einer eigenständigen Meinung schließen lassen. Es ist zu vermuten, dass sie diesem Verhalten ihre zahlreichen Ämter verdankt. Gleichzeitig darf man wohl sicher annehmen, dass diese Art der Amtsführung zur Perpetuierung der unbedeutenden Rolle, die die Frauenorganisationen spielten, beigetragen hat.

Diese Einschätzung teilte übrigens auch Adolf Hitler, der sich in einer am 10. September 1937 vor der NS-Frauenschaft gehaltenen Rede direkt an die Reichsfrauenführerin wandte und ihr sein ausdrückliches Lob für die bisher geleistete Arbeit aussprach.

---

[4] Siehe hierzu auch: Sigmund, 1998

„... Sie haben es wirklich wunderbar verstanden zu vermeiden, dass durch die Organisation der Frau etwa ein Gegenpol zum Mann geschaffen wurde, sondern im Gegenteil, dass die deutsche Frauenorganisation eine Ergänzung der männlichen Kampforganisation wurde." (Zit. in Domarus 1962, 721).

## 5.2 Die ‚Ausrichtung‘ der deutschen Frau durch die NS-Frauenschaft

Werfen wir noch einen Blick auf die Art und Weise, in der die NS-Frauenschaft die ‚Ausrichtung‘ der deutschen Frau betrieb.

Die Schulungen sollten in einem geselligen Rahmen stattfinden, um das Interesse der Frauen zu wecken und um den Eindruck zu vermeiden, dass es sich bei diesen Abenden um reine Agitationsveranstaltungen handele.

Aus den Schulungsanweisungen geht eindeutig hervor, dass das Schaffen einer herzlichen und vertrauensvollen Atmosphäre bewusst als taktisches Mittel eingesetzt wurde, um die Frauen aufnahmebereiter für die nationalsozialistische Ideologie zu machen (vgl. NRF 1940, 15, 218 f). Bei der inhaltlichen Ausgestaltung wurde stets darauf geachtet, dass die Frauen sich nicht belehrt, sondern vielmehr gefühlsmäßig angesprochen fühlten. Schließlich sollten sie den Nationalsozialismus instinkt- und nicht verstandesmäßig erfassen. Daher sollten lange Vorträge möglichst vermieden werden, Sprüche und Lieder hingegen das Gemeinschaftsgefühl stärken.

Bei der Durchsicht des Nachrichtendienstes fällt immer wieder die minuziöse Planung der Schulungsabende auf, die selbst die Gestaltung der Tischdekoration und das den Abend beschließende ‚Sieg Heil‘ einschloss. Diese Enge der Planung, die den Führerinnen keinerlei eigene Gestaltungsmöglichkeit ließ und sie zu rein ausführenden Organen degradierte sowie die übergroße Fülle neuer Maßnahmen scheint bei vielen Frauenschaftsleiterinnen auf Widerspruch gestoßen zu sein.

Dies geht aus einem Artikel im Nachrichtendienst hervor, in dem Margarete Weinhandl kritisiert, dass viele Frauenschaftsleiterinnen neuen Maßnahmen und Richtlinien für die Frauenarbeit oft mit Unverständnis gegenüberständen und ihren Unwillen bisweilen sogar in den Frauengruppen zum Ausdruck brächten. Weinhandl verurteilt dieses Verhalten aufs Schärfste und fordert stattdessen als wahre nationalsozialistische Grundhaltung bedingungsloses Vertrauen in die Führung.

„Diese Haltung ist auch gar nichts Widernatürliches oder Kompliziertes, sondern ganz einfältig und selbstverständlich für uns nationalsozialistische Führerinnen: nämlich b e d i n g u n g s l o s e s V e r t r a u e n in unsere Führung und e b e n s o b e d i n g u n g s l o s e D i s z i p l i n. Das heißt aber eine Disziplin, die bis in die innerste Seele reicht, ein E i n - V e r s t ä n d n i s auch dort, wo mein V e r - s t ä n d n i s noch nicht hinreicht, Ursache und Notwendigkeit einer Maßnahme zu erkennen." (NRF 1938, 3, 93).

Wenn schon von den Führerinnen Kadavergehorsam gefordert wurde, so galt dies natürlich erst recht für die Mitglieder der Frauenschaft. Bezeichnend ist die Art der Vermittlung neuer Richtlinien.

„D i e Ü b e r m i t t l u n g s e l b s t ... (muss) in bedingter Klarheit und Wahrhaftigkeit geschehen ..., und zwar in der Regel dem Wortlaut nach. Schwer Verständliches kann laufend oder am Ende erläutert werden. Persönliche Randbemerkungen der Führerin, Bedauern, Entschuldigen oder dergleichen unterbleiben dabei natürlich.

D i e N a c h a r b e i t. Sie besteht darin, den Frauen die Möglichkeit zu Anfrage und Aussprache zu gewähren, ohne jedoch der Kritik und dem Widerspruch freies Feld zu lassen, oder gar – wie es auch schon geschehen ist – in parlamentarisches ‚Abstimmen‘ zu verfallen. Die Maßnahme ist u n u m s t ö ß l i c h. Gerade dieses Gefühl e r l e i c h t e r t die Aufnahme und Verwirklichung." (NRF 1938, 3, 95).

Die Führerinnen sollten in erster Linie durch eigenes vorbildliches Verhalten auf die Frauen einwirken. In diesem Zusammenhang wird immer wieder auf die Wesensverschiedenheit von männlichem und weiblichem Führertum hingewiesen.

„Sieht man den führenden Mann als straffe, vorblickende, schreitende Gestalt, der die anderen in Reihen folgen, so die Führerin u m g e b e n von ihren Frauen, in ihrer Mitte sie klar und liebend überblickend, mehr eine ruhende, verbindende, ordnende Kraft als eine anführende." (NRF 1938, 7, 242).

Da die Führerinnen zu der Elite des neuen Staates gehörten, wurden an sie, wenn auch vielfach nur in der Propaganda, besondere Anforderungen gestellt:

„Hohe Rassewerte, charakterliche Zucht, höchste Tüchtigkeit und g e r e c h t e M e n s c h e n b e h a n d l u n g müssen zusammentreffen,

um einen Führungsanspruch auch wirklich zu rechtfertigen."
(NRF 1942, 12, 177).

Auch Lydia Gottschewski unterstrich ausdrücklich die Bedeutung einer straffen, hierarchischen Gesichtspunkten folgenden Durchstrukturierung der Frauenorganisationen und liefert dafür eine für das Jahr 1934 doch recht bemerkenswerte Begründung:

> „Diese Zellen (weibliche Führung, d. Verf.) sind Vorbereitung für den Ernstfall; sie werden ihre angestrengteste Tätigkeit in den Zeiten entfalten müssen, wenn die männliche Führung zu sehr mit anderen Dingen belastet ist, ..., das heißt im Kriege." (Gottschewski 1934, 77).

Zunächst müsse aber noch viel Erziehungsarbeit geleistet werden, um die „seelische Kampfbereitschaft" im Sinne einer „totalen Mobilmachung" zu stärken (ebda).

# 6 Antisemitismus und Rassismus im Schrifttum der NS-Aktivistinnen

## 6.1 Der ‚ewige Jude'

Untersucht man das Schrifttum der NS-Aktivistinnen im Hinblick auf antisemitische Tendenzen, so fällt zunächst auf, dass sich nur sehr wenige Artikel bzw. Broschüren mit dem „ewigen Juden" direkt thematisch auseinander setzen. Diese Aufsätze wurden außerdem z. T. von Männern verfasst. Das ist insofern bemerkenswert, als die Redaktionen der Frauenzeitschriften, dem nationalsozialistischen Grundsatz der Selbsterziehung folgend, zum ganz überwiegenden Teil mit Schriftleiterinnen besetzt waren.

Umgekehrt proportional zur Häufigkeit direkt antisemitischer Artikel ist allerdings ihr sprachliches und inhaltliches Niveau. In geifernden Hasstiraden wird ein Bild von ‚dem Juden' gezeichnet, das in seiner Irrationalität und Aggressivität auch vom ‚Stürmer' kaum überboten worden sein dürfte.

So findet sich in der Frauenwarte als Reaktion auf die Ereignisse in der Reichskristallnacht folgender Artikel mit der in Anführungsstriche gesetzten Überschrift „Die armen Juden!":

> „Ununterbrochen brandet die Hetze des Judentums gegen das nationalsozialistische Deutschland und überschlägt sich in Hasswellen, die alles bisher Dagewesene übertreffen. Der Mord des Juden G r ü n s p a n an dem Gesandtschaftsrat v o n R a t h, der nach der Aussage des Mörders D e u t s c h l a n d galt, hat endlich der großmütigen Geduld des deutschen Volkes und seiner Führung ein Ende gesetzt. ...
>
> Das Schuldkonto, welches das Judentum beim deutschen Volke offen stehen hat, ist so unermesslich, dass es nie bereinigt werden kann, auch wenn man das gesamte, in Deutschland noch vorhandene jüdische Vermögen einziehen würde, so beträchtlich es auch immer noch ist. Denn die Schuld, die das Judentum in Deutschland auf sich geladen hat, ist uneinbringlich, und auch die geraffteste Darstellung vermag es nicht, sie auch nur annähernd zu fixieren. ... Betrug, Skrupellosigkeit, Ausbeutung, Börsengaunereien und politische Korruption größten Stils, Bürgerkrieg, Schmutz und Schund, Triumph der Sittenlosigkeit und Entwürdigung der Frau zum seelenlosen Lustobjekt, Zerstörung der Familie, grenzenloser Verfall des Geschmacks, der Weg der Kultur in die Gosse und immer wie-

der das V e r b r e c h e n in jeder Form, der M o r d als politisches Verbrechen in jeder Form, der Mord als politisches Kampfmittel, das sind die Leistungen des Judentums für die Menschheit und insbesondere für das deutsche Volk, das am wenigsten von allen Völkern Ursache hat, sich unangebrachten Mitleidsregungen hinzugeben. Vergesslichkeit ist eine der menschlichen Eigenschaften, mit der Schuldbeladene am liebsten rechnen. Für das Judentum freilich eine Fehlrechnung, die sich nicht mehr wiederholen darf." (NSFW 1938, 13, 407).

Sehr deutlich wird hier, dass ‚der Jude' keine reale, sondern nur eine ideologisch fassbare Größe ist. Symbolisch steht ‚der Jude' als der Negativbegriff schlechthin für alles, was abgelehnt wird, Angst macht, unbekannt ist. Wenn man das Beharren auf kollektiven Vorurteilen als Ausdruck tiefer Verunsicherung und vorhandener Ängste wertet, so ist natürlich interessant festzustellen, ob es bestimmte Lebensbereiche gibt, in denen diese Vorurteile besonders zum Tragen kommen. Die Analyse des Schrifttums ergibt hier, dass antisemitische Äußerungen vornehmlich in zwei Zusammenhängen auftauchen:

Jegliche mit Lustgewinn verbundene, nicht auf Kinderzeugung bedachte Sexualität gilt als ‚verjudet'.
Liberalismus und Intellektualismus, die nach nationalsozialistischer Auffassung ihren besonders negativen Ausdruck in der Politik der Weimarer ‚Systemzeit' fanden, gelten als Ausfluss jüdischer Irrlehren mit dem Ziel der Zersetzung der Volksgemeinschaft (vgl. NSFW 1938, 15, 457-461).

Zusammenfassend lässt sich behaupten, dass Antisemitismus im nationalsozialistischen Schrifttum immer im Zusammenhang auftaucht mit der Ablehnung von Gedanken und Handlungen, die auf die Eigenverantwortlichkeit und Freiheit des Menschen abheben. Es ist nicht Aufgabe dieser Arbeit, die psychische Funktion derartiger Stereotypien im Einzelnen darzulegen, daher will ich mich auf die Skizzierung einiger mir wesentlich erscheinender Punkte beschränken (vgl. zum Folgenden Adorno 1973, 115-129).

Der psychische Gewinn, den die Verwendung von Stereotypien mit sich bringt, liegt vorrangig in der Steigerung des Gefühls der Sicherheit und in der Reduzierung von Angst. Beide Komponenten hängen eng miteinander zusammen. Die Sicherheit wird zum einen dadurch erreicht, dass Stereotypien wie der Antisemitismus einfache und scheinbar umfassende Erklärungen für alle nur denkbaren Sachverhalte anbieten. Durch die schlichte Zweiteilung in Gut und Böse, in vertraut und fremd, wird die eigene Lebensgestaltung überschaubar und damit einfach. Ein Problem, dessen Ursache man zu kennen glaubt, erscheint nur noch halb so bedrohlich. Zudem gibt die klare Unterteilung in Eigen- und Fremdgruppe dem Einzelnen die Möglichkeit eindeutiger Schuldzuweisung. Auch dies gibt Sicherheit und dient zusätzlich der eigenen Bequemlichkeit, da man die Verantwortung für vorhandene Missstände von sich abschieben kann. Die Verachtung des Anderen vermag das Selbstwertgefühl von Menschen zu erhöhen, die sich im Grunde ihres eigenen Wertes nicht bewusst sind. Die Verteufelung des Fremden, wie sie im Antisemitismus in krasser Form zu Tage tritt, erscheint als geeignetes Mittel, die eigene Unsicherheit zu überdecken und zu verdrängen, bzw. ein Ventil des Ausagierens zu schaffen.

Es ist nicht anzunehmen, dass die Nationalsozialisten bezüglich ihrer antisemitischen Einstellung geschlechtsspezifische Unterschiede aufweisen etwa in dem Sinn, dass Frauen aufgrund ihres ‚gefühlvollen Wesens' in ihrer Ablehnung und ihrem Hass weniger rigide wären als die sowieso schon ‚von Natur aus' harten und gefühlskalten Männer. Die qualitativen Äußerungen der NS-Aktivistinnen lassen diesen Schluss nicht zu.

Die Tatsache, dass antisemitische Artikel im weiblichen Schrifttum rein quantitativ weniger auftauchen als im Schrifttum männlicher Nationalsozialisten, führe ich in erster Linie auf die Behandlung jeweils unterschiedlicher Themen zurück. So sind beispielsweise Ehe und Mutterschaft, die im weiblichen Schrifttum immer wieder ausführlich behandelt werden, keine Themen, die ohne weiteres mit Antisemitismus in Zusammenhang zu bringen sind. Aussagen, dass der ‚Jude die Familie zerstören wolle', tauchen zwar gelegentlich auf, werden aber immer in Zusammenhang mit der Einstellung zur Sexualität angesprochen und so nur in eine indirekte Verbindung zu Ehe und Mutterschaft gebracht.

## 6.2 Die Frau – das ‚Rassegewissen des Volkes'

In direkter Verbindung zu den typisch weiblichen Lebensbereichen steht allerdings der mit dem Antisemitismus zusammenhängende, aber nicht gleichzusetzende Rassismus.

In diesem von den NS-Aktivistinnen massiv vertretenen Rassismus liegt meines Erachtens der gravierendste Unterschied zwischen dem nationalsozialistischen und einem traditionell-konservativen Frauenbild, wie es teilweise auch heute noch existiert. Besonderes Gewicht für das Leben der Frauen bekam der Rassismus nationalsozialistischer Ausprägung durch seine Betonung des Zuchtgedankens.

> „Wir wollen Rassenzucht treiben. Rassenzucht erfordert Auslese, eine Beurteilung von gut und schlecht, von hochwertig und minderwertig, von dem, was wir erstreben und dem, was wir ablehnen. Wir müssen ein Zuchtziel haben, nach dem wir uns richten, das uns sagt, wohin sich der Blick zu richten hat. D i e s e s  Z u c h t z i e l  i s t  d e r  n o r d i s c h e  M e n s c h." (NS-Frauenbuch 1934, 126).

Zur Erreichung dieses hehren Zieles war die rassebewusste Lebensführung der Frau gefordert, die sich besonders in ihrer Einstellung zu Ehe und Mutterschaft zu beweisen hatte.

> „Gesunde Frau aus gesunder Familie, wähle dir als Vater für dein Kind nur einen gesunden Mann, sonst klagt dich einst dein Kind an, dass du ihm dein Erbgut nicht rein und unversehrt und gesund weitergabst." (NSFW 1938, 4, 108).

Vornehmste und erste Pflicht der Frau war es daher, das „Rassegewissen des Volkes" zu sein (NS-Frauenbuch 1934, 128). Als moralisch und sittlich in jedem Fall verwerflich galt die Verbindung einer deutschen Frau mit einem Ausländer. Zwar trete bei der Heirat mit einem „artfremden Fremdvölkischen" keine Gefährdung der Reinerhaltung des deutschen Blutes ein, da die betreffenden Frauen die fremde Staatsangehörigkeit erwerben würden. Trotzdem handele es sich aber immer um ein Vergehen gegen die deutsche „Rassenlehre" und zudem ginge die Frau durch einen solchen Schritt ihrem Volkstum verloren.

> „Die Stärkung fremder Rassen" ist ein „Vergehen an der Zukunft unseres Volkes" NRF-Sonderdienst 1941, 16, 243 f).

Wie weit dieser Zuchtgedanke sich in der Realität auswirkte, zeigen u.a. die Aktivitäten des 1936 auf Veranlassung Himmlers gegründeten Lebensborn e.V., der sich die ‚rassische Aufartung des deutschen Volkes' zum Ziel gesetzt hatte.

Neben der Betreuung ‚wertvoller' Mütter und ihrer Kinder fungierte der Lebensborn als direkter Zuchthelfer, indem er gebärwilligen, nordisch aussehenden Frauen zur Begattung durch einen rassisch ebenso hochstehenden Mann – meist handelte es sich den Angaben Hillels zufolge um SS-Offiziere – verhalf. Die aus diesen ‚Verbindungen' entstandenen Kinder wurden in vielen Fällen zur Adoption in linientreue NS-Familien freigegeben.

Mag man diese Art der ‚Zuchthilfe' noch als zu belächelnden Auswuchs der rassistischen Überspanntheit zumindest von Teilen der Nationalsozialisten abtun, so gingen die Aktivitäten des Lebensborn allerdings noch in eine andere, in ihrer Unmenschlichkeit erschreckende Richtung.

So organisierte der Lebensborn vornehmlich in den besetzten Ostgebieten die Entführung von mehreren hunderttausend arisch aussehenden Kindern, die nach eingehender rassischer Untersuchung nach Deutschland verschleppt wurden und dort in Pflegestellen kamen oder zur Adoption freigegeben wurden. Kinder, die der rassischen Begutachtung nicht Stand hielten, galten als wertlos und starben zu Tausenden an Hunger und Schlägen in den Kinderlagern. An dieser tausendfachen Kindesmisshandlung waren, wie Hillel und Henry belegen, zahlreiche Frauen beteiligt (vgl. Hillel/Henry 1975).

# 7 Die Funktion der Frau in der Familie

Die nationalsozialistische Propaganda verwies die Frau immer wieder auf die Familie als den ihr wesensgemäßen Lebensbereich. In Ehe und Mutterschaft sollte die Frau ihren im Lebenskampf stehenden Mann ein trautes Heim schaffen. Untersuchen wir im Folgenden, wie diese ‚kleine Welt' der Frau im Einzelnen beschaffen war. Die Analyse des Schrifttums zeigt, dass das Familien- und Partnerbild der Nationalsozialisten durchaus geschlechtsspezifische Differenzen aufweisen, und ein Blick auf die reale Familienpolitik des Dritten Reiches dokumentiert die Reduzierung der Familie auf eine Zuchtinstitution zur Zeugung erbgesunden, rassisch wertvollen Nachwuchses.

## 7.1 Die Ehe unter dem Einfluss der Rassegesetze

> „In der Ehe sehen wir die von der Volksgemeinschaft anerkannte dauernde Lebensgemeinschaft zweier rassegleicher erbgesunder Menschen, die sich auf gegenseitige Liebe, Treue und Achtung gründet. Ihr wesentliches Ziel wird im Kinde gesehen." (NSFW 1939, 23, 745)

Alle zentralen Elemente der nationalsozialistischen Auffassung von Wesen und Sinn der Ehe sind in diesen Sätzen enthalten. Die Eheschließung wurde nicht als die private Entscheidung zweier Menschen betrachtet, ihr zukünftiges Leben gemeinsam zu verbringen, sondern sie erfuhr ihre Existenzberechtigung vornehmlich aus der Tatsache, dass sie als sozioökonomische Basis der „rassischen Aufartung unseres Volkes" diente (vgl. NS-Frauenbuch 1934, 147 und FaW 1938, 8, 170 f).

Der Zuchtgedanke verlangte notwendigerweise die Beachtung bestimmter Kriterien bei der Partnerauswahl. Immer wieder wurden die Frauen eindringlich darauf hingewiesen, dass sie sich bei der Suche nach einem geeigneten Partner nicht einfach von ihren Gefühlen leiten lassen dürften, sondern dass sie als ‚Hüterin der Rasse' großes Gewicht auf die rassische Hochwertigkeit und Erbgesundheit des zukünftigen Lebensgefährten legen müssten.

Diese Auffassung wurde von männlichen und weiblichen NS-Aktivisten gleichermaßen vertreten und fand ihren praktisch-politischen Niederschlag unter anderem im Gesetz zum Schutz des deutschen Blutes und der deutschen Ehre vom 15. September 1935 sowie im Gesetz zum Schutz der Erbgesundheit vom 18. Oktober 1935. Diesen Gesetzen zufolge hatten die Verlobten ihre ‚Reinrassigkeit' durch den Ariernachweis und ihre Erbgesundheit durch ein entsprechendes Gesundheitszeugnis zu belegen.

Wenn einer der Verlobten die geforderten Bescheinigungen nicht beibringen konnte, durfte die Ehe nicht geschlossen werden. Eine entgegen den Bestimmungen des Gesetzes zu Stande gekommene Ehe galt als nichtig, auch wenn sie im Ausland geschlossen worden war. Kinder aus einer solchen Ehe wurden als unehelich erklärt. Das Beibringen des geforderten Ehetauglichkeitszeugnisses durch wissentlich falsche Angaben galt als strafrechtliche Verfehlung und wurde mit Gefängnis bedroht (vgl. Schorn 1963, 110-113).

Ausführlich diskutiert wurde in den verschiedenen Periodika die 1938 erfolgte Reform des Eherechts. Auch in den Bestimmungen dieses Gesetzes kommt die nationalsozialistische Auffassung von der Ehe als vornehmlich der Fortpflanzung dienende Institution in eindeutiger Weise zum Tragen. So wurden als Scheidungsgründe unter anderem neu eingeführt die ‚Verweigerung der Fortpflanzung‘ und die ‚Vorzeitige Unfruchtbarkeit‘ eines Ehepartners.

Dabei wurde die Frage, ob Unfruchtbarkeit als Scheidungsgrund zu betrachten sei, nach einer persönlichen Entscheidung Hitlers durch folgende Bestimmung gelöst:

> „Ein Ehegatte kann Scheidung begehren, wenn der andere Ehegatte nach der Eheschließung vorzeitig unfruchtbar geworden ist. Die Scheidung ist ausgeschlossen, wenn die Ehegatten miteinander erbgesunde eheliche Nachkommenschaft oder ein gemeinschaftlich an Kindes statt angenommenes erbgesundes Kind haben. Wer selbst unfruchtbar ist, hat kein Recht auf Scheidung." (FaW 1938, 8, 170, vgl. auch NRF 1938, 9, 365-367).

Von politischer Brisanz sind die Diskussionen, die der Verabschiedung des Gesetzes vorausgingen. So wurden öffentlich Überlegungen laut, ob man nicht die Ehen politischer Oppositioneller zwangsweise scheiden könne. In Fällen, in denen die Ehegatten unter dem Schutz der ehelichen Gemeinschaft beispielsweise kommunistische Propaganda treiben würden, sei die Zerrüttung der Ehe als gegeben anzusehen, weil eine solche Ehe sich „in dauernde(n) Widerspruch setz(e) zu dem Begriff der Ehe als einer auf sittlicher Grundlage ruhenden Gemeinschaft" (FaW 1936, 5, 131). In solchen Fällen könne somit auch gegen den Willen der Ehepartner eine Ehe geschieden werden. Zu guter Letzt wurde dieser Vorschlag aber doch nicht in die Tat umgesetzt.

Als bedeutsam für die Stellung der Frau erwies sich die Einführung des Zerrüttungsprinzips, welches die Ehescheidung wesentlich erleichterte. So stellte die Frau am Werk 1940 fest, dass die Rechtsprechung es in den ersten eineinhalb Jahren nach Erlass des neuen Gesetzes fast ausschließlich mit Fällen zu tun gehabt habe, für die nach der früheren Regelung eine Scheidung nicht in Frage gekommen wäre (vgl. FaW 1940, 12, 90).

Von der Einführung des Zerrüttungsprinzips waren besonders Frauen betroffen, die ihrem Mann bisher die Scheidung verweigert hatten, um beispielsweise ihre Unterhaltsansprüche nicht zu verlieren. Jetzt konnten diese Ehen nach dreijähriger Trennung der Partner geschieden werden, ohne dass der scheidungsunwillige Partner dies – bei nachgewiesenen besonderen persönlichen Härten gab es Ausnahmen – verhindern konnte. Bei der Unterhaltspflicht war nicht nur die Schuldfrage maßgeblich, sondern erstmalig wurde auch geprüft, ob der Frau eine Erwerbstätigkeit zur Sicherung des eigenen Unterhaltes zugemutet werden könne. Dieser Passus im neuen Gesetz, den sicherlich nicht alle Frauen freudig begrüßt haben dürften, wurde von der Frau am Werk positiv aufgegriffen als gesetzliche Festschreibung der Berechtigung weiblicher Erwerbstätigkeit.

> „Abgesehen von der Bedeutung dieser Bestimmung für die Unterhaltsregelung ist festzustellen, dass zum ersten Mal in einem Gesetz die Erwerbstätigkeit der Frau als eine Tatsache, die ‚erwartet werden kann'", gesetzlich verankert worden ist. Damit dürften sich ein für alle Mal die Einwände, die der Erwerbstätigkeit der Frau entgegengesetzt wurden, erledigt haben." (FaW 1938, 19, 235).

Berufstätigen Frauen, die nach ihrer Verheiratung weiterarbeiten wollten, riet die Frau am Werk zum Abschluss eines Ehevertrages, da bei Eintreten des gesetzlichen Güterstandes Verwaltung und Nutznießung des Vermögens der Frau auf den Mann übergehen würden, selbst wenn dieses von ihr erworben worden sei. Im Falle einer Scheidung könne es daher vorkommen, dass die Frau nahezu mittellos dastehe, obgleich sie zu dem vorhandenen Vermögen beigetragen habe. Auch die Unterhaltspflicht des Ehemannes könne im Fall seiner Wiederverheiratung fraglich werden. Hingegen gewährleisteten die verschiedenen Formen des Ehevertrages der Frau eine gewisse wirtschaftliche Sicherheit (vgl. FaW 1941, 3, 22 und Rabe 1932, 8 f).

In den zahlreichen Artikeln, die den Frauen das Zerrüttungsprinzip schmackhaft machen sollten, kommt gelegentlich der Zuchtgedanke zum Tragen, wenn behauptet wird, dass eine zerrüttete Ehe nicht nur für die

Partner, sondern auch für die Volksgemeinschaft ohne Nutzen sei. Da sei es schon besser, durch Scheidung den Weg frei zu machen für eine neue Ehe, die dann möglicherweise durch Kindersegen auch die Volksgemeinschaft bereichere (vgl. FaW 1938, 10, 234).

Der Argumentationsstrang geht aber, zumindest bei der Frau am Werk, noch in eine andere Richtung, die das propagierte Hausfrauen- und Mutterideal letztlich in Frage stellt. Eine Frau dürfe dem außerhäuslichen Lebensbezirk, in dem der Mann arbeite, nicht völlig fremd und anteillos gegenüberstehen.

> „Es gibt eben nichts Tragischeres für einen strebenden, zu neuen Lebensbedingungen vordringenden Mann als die Bindung an eine Frau, die ihm nicht folgen kann oder will. Und es ist dann wiederum an ihm als natürlich und als ‚Wahrung berechtigter Interessen‘ zu verstehen, dass er eine solche Frau als immer unerträglichere Belastung empfindet, auch dann, wenn sie eine im üblichen Sinn gute Hausfrau und Mutter ist." (FaW 1940, 12, 92).

Eheprobleme dieser Art träten in der Gegenwart wesentlich häufiger auf als früher, da sich einerseits den Männern stärkere Aufstiegschancen böten als den Frauen, was zur Entfremdung zwischen den Ehegatten führen könne; andererseits gebe es aber auch immer mehr berufstätige Frauen, die die Männer durch ihr ungebundenes, selbstständiges Verhalten beeindruckten.

> „Wird ihm diese Gemeinschaft der Arbeit zur Gefahr für die Gemeinschaft seiner Ehe, so k a n n die Ehefrau und Mutter gar nicht anders, als von ihrem nur häuslichen Standort und Denken aus den Kampf um den Mann zu führen, oft schließlich in einer Art, die ihm angesichts des Gegenbildes der freieren Berufstätigen spießig und bedrückend lästig vorkommen und durch die er nur umso sicherer verloren geht!" (FaW 1940, 12, 92).

Nach Ansicht der Autorin muss die Bewältigung dieses Problems vor allem von der weiblichen Seite selbst angegangen werden.

> „Sowohl die allgemeine Frauen- und Mädchenerziehung wie der bewusste Wille des einzelnen müssen stärker denn je darauf gerichtet sein, die Frau für das g a n z e Leben auszurüsten und nicht nur für den besonderen häuslichen Teil, der eben heute – oder genauer schon seit Jahrzehnten – nicht mehr die e i n z i g e Lebensform der Frau ist." (ebda).

Bezüglich der rassischen und bevölkerungspolitischen Aspekte von Ehe und Familie bestand völlige Übereinstimmung in den Auffassungen männlicher und weiblicher NS-Aktivisten. Auffallend ist aber bei näherer Analyse, dass, abgeleitet von der Fortpflanzungsfunktion der Ehe, geschlechtsspezifisch unterschiedliche Schlüsse gezogen wurden hinsichtlich der konkreten Gestaltung des Zusammenlebens von Mann und Frau. Bei Alfred Rosenberg genießen Ehe und Familie einen denkbar niedrigen Stellenwert. Die Ansicht, dass die Familie als Keimzelle des Staates anzusehen sei, ist für ihn ein durch nichts bewiesener „Zwangsglaubenssatz", der lediglich den Blick für eine realistische Betrachtung der Frauenfrage trübe (vgl. Rosenberg 1943, [1930], 485).

> „Der Staat ist nirgends die Folge eines gemeinsamen Gedankens
> von Mann und Frau gewesen, sondern das Ergebnis des auf irgend-
> einen Zweck zielstrebig eingestellten Männerbundes." (ebda).

Die Ehe als Institution sei aber nicht nur im Sinne der Staatserhaltung irrelevant, auch ihre bevölkerungspolitische Funktion ist in der Form der Einehe nach Rosenberg durchaus fraglich. Diesem Zweck viel dienlicher erscheint die „Vielweiberei", ohne die „nie der germanische Völkerstrom früherer Jahrhunderte" entstanden wäre (ebda, 592).

Rosenberg spricht sich nun zwar nicht direkt für die Einführung der Polygamie aus, aber will zumindest den Ehebruch des Mannes wohlwollend bewertet wissen, kinderlose Frauen hingegen seien nicht als vollwertige Glieder der Volksgemeinschaft zu betrachten.

> „Ein deutsches Reich der Zukunft wird gerade die kinderlose Frau,
> - gleich ob verheiratet oder nicht, - als ein nicht vollwertiges Glied
> der Volksgemeinschaft betrachten und damit auch den „Ehebruch"
> des Mannes einer Korrektur unterziehen, insofern ein solcher mit
> Kindesfolge nicht als juristisch zu wertender Ehebruch betrachtet
> werden kann, nur dass der Betreffende zur Zahlung der Erzie-
> hungskosten des Kindes gesetzlich anzuhalten ist." (Rosenberg zit.
> in Lauer 1932, 14).

Neben ihrer Gebärfähigkeit ist die Frau für den Mann lediglich als Magd und Dienerin von Interesse, die ihm den Haushalt in Ordnung hält und die Socken wäscht (vgl. Gottfried Feder, zit. in Winkler 1977, 30). Geradezu als karikaturistische Überzeichnung des männlichen Eheverständnisses erscheint folgende, am 25. Juli 1940 in den Münchner Neuesten Nachrichten erschienene Anzeige:

„Zweiundfünfzig Jahre alt, rein arischer Arzt, Teilnehmer an der Schlacht bei Tannenberg, der auf dem Lande zu siedeln beabsichtigt, wünscht sich männlichen Nachwuchs durch eine standesamtliche Heirat mit einer gesunden Arierin, jungfräulich, jung, bescheiden, sparsame Hausfrau, gewöhnt an schwere Arbeit, breithüftig, flache Absätze, keine Ohrringe, möglichst ohne Eigentum." (Zit. in Focke 1980, 121).

Diese Vorstellungen vom Wesen der Ehe wurden von den meisten NS-Aktivistinnen, soweit sie überhaupt zur Kenntnis genommen wurden, als frauenfeindlich abgelehnt. In allen von Frauen verfassten Schriften zu diesem Thema werden die Dauerhaftigkeit und das Bekenntnis zur Treue als grundlegende und unverzichtbare Faktoren der Ehe herausgestellt. Allen Vorstellungen, die auf eine Einführung der Bigamie oder sonstiger polygamer Lebensformen abzielen, wird eine entschiedene Absage erteilt (vgl. NS-Frauenbuch 1934, 145 und NRF 1944, 5, 69 f).

In diesem Zusammenhang ist auch die Einstellung zur unehelichen Mutterschaft zu sehen. Aus bevölkerungspolitischen und ideologischen Gründen – Frau sein heißt Mutter sein – sprechen sich die Nationalsozialistinnen für eine staatliche Unterstützung der ledigen Mütter aus, andererseits erkennen sie aber, dass eine Gleichsetzung der unehelichen mit der ehelichen Mutterschaft die Institution der Ehe langfristig unterlaufen müsste. Aus diesem Grund wehren sie sich vehement gegen eine zu starke gesellschaftliche Aufwertung der unehelichen Mütter (vgl. NS-Frauenbuch 1934, 147). Seltener wird die ausschließliche Sinngebung der Ehe, die in dem Willen zum Kind gesehen wird, in Frage gestellt.

Die Deutsche Kämpferin betont allerdings immer wieder, dass Mann und Frau – gegebenenfalls auch ohne Kinder – der gegenseitigen Ergänzung bedürften.

„Die Ehe ist mehr als nur der Wille zum Kinde! Sie wird von Mann und Frau geschlossen, weil ein jedes von ihnen zu seinem vollen Menschentum der Ergänzung durch den anderen bedarf." (DK 1934, 8, 235).

Eine Abwertung der kinderlosen Ehe sei abzulehnen, da dies mit der Abwertung der Frau gleichzusetzen sei.

„Die rechtliche Stellung der Frau würde nicht mehr durch sie selber bedingt sein, sondern allein vom Kinde abhängen." (ebda)

Auch die von Rosenberg und anderen favorisierte Vorstellung männerbündischer Lebensformen wird von den NS-Aktivistinnen aufgrund der ihr immanenten Frauen- und Familienfeindlichkeit abgelehnt.

So schreibt Lydia Gottschewski, dass durch die Idee des Männerbundes eine zwiespältige Auffassung der Liebe herbeigeführt werde, in der „körperliche" und „geistige" Liebe zu schärfsten Gegensätzen auseinander fielen. Die Vertreter des Männerbundes hätten die Neigung, die Bindungen zwischen Mann und Frau als minderwertig zu betrachten und sie vollständig in den Bereich des „rein Kreatürlichen" zu verweisen (vgl. Gottschewski 1934, 43).

> „So wird die Bindung an die Frau zu einer Angelegenheit, die irgendwo ‚am Rande' erledigt wird, ohne Verantwortung und letzten Ernst, zu einer dunklen und trüben Stelle, die nie den Einfluss läuternder und heiligender Kräfte erfährt – Folgen der Zerspaltung des Eros in seine einzelnen, niemals zu trennenden Teile." (ebda, 44).

## 7.2 Ein komplementäres Partnerbild

Von Interesse ist in diesem Zusammenhang, ob die NS-Aktivistinnen bei der Partnerwahl einen bestimmten Männertypus bevorzugten. Die Äußerungen zu diesem Thema sind sehr einheitlich und lassen ein Männerbild erkennen, das der Realität vandalierender SA-Horden sehr nahe kommt. So sei der wahre deutsche Mann erfüllt von „heldischem Geist", „eisernem" und „zwingendem Manneswillen", dessen Hauptargument in Auseinandersetzungen die Faust ist, welche er rücksichtslos in Saal- und Straßenschlachten einsetzt. „Der wahre Mannesstolz braucht die Faust, wo es Not tut,..."(Diehl 1933, 47).

Als herausragender Vertreter dieses Männertypus gilt Hitler, dessen ungehobelte Manieren offenbar manches völkische Frauenherz zum Schmelzen brachten[5].

> „Zu diesem wagemutigen heldischen Mannestum gehört aber die kraftvolle Derbheit und das r ü c k s i c h t s l o s e  D r a u f g ä n g e r - t u m, wie es Hitler stets so unverwüstlich vertritt." (ebda)

---

[5] Im persönlichen Kontakt mit Frauen konnte Hitler durchaus freundlich und geradezu charmant sein. Siehe hierzu: Sigmund und Junge

In gleicher Weise äußert sich Sieglinde Meisel in der Deutschen Kämpferin über Hitler:

> „Seine unerschrockene Kampfbereitschaft, sein Mut, seine Festigkeit, sein eiserner Wille verfehlen bei tapferen Frauen ihre Wirkung nicht." (DK 1933, 7, 132).

Es ist schon bemerkenswert, in der doch so sehr auf Gleichberechtigung und Emanzipation bedachten Deutschen Kämpferin Sätze wie die Folgenden zu lesen:

> „Mir ist er die Verkörperung eines zielsicheren, zwingenden Denkens, das vom E r l e b e n herkommend, vorstößt in klarste und tiefste E r k e n n t n i s s e . Diese S i c h e r h e i t wirkt überzeugend, besonders auf die Frauen. Auch dort, wo die Frau nicht untersucht, sondern nur fühlt, ..., empfindet sie diese zwingende Gewalt seiner Autorität." (ebda, 131).

Das Verhältnis der Geschlechter zueinander scheint abseits aller romantischen Familienidylle – treu sorgender Vater und züchtig waltende Hausfrau in einer Schar blonder Kinder – doch sehr von aggressiven Fantasien geprägt gewesen zu sein. Theweleit hat dies für den faschistoiden Männertypus überzeugend nachgewiesen (vgl. Theweleit 1977 und 1978).

Oberflächlich betrachtet erscheint das Selbstbild nationalsozialistischer Frauen völlig frei von Gewalt zu sein. Die Frauen idealisieren sich selbst als opferwillig, Leid erfüllt und zu stetem Dienen bereit. Als wesentliche weibliche Eigenschaft bezeichnen sie die Mütterlichkeit. Weichheit, Wärme, Gefühl, Hegen und Behüten, Leben spenden und bewahren, schwimmen in diesem Begriff mit. Der Mann hingegen gilt als hart, kalt, brutal, gewalttätig.

Auf den ersten Blick sollte man meinen, dass solch unterschiedliche Menschen sich nicht verstehen und sich gegenseitig ablehnen. Aber bei näherem Hinsehen erkennt man, dass die Gegensätzlichkeit nur scheinbar ist, bzw. dem komplementären Menschenbild entspricht.

Denn es wäre ein Fehlschluss anzunehmen, dass die Eigenschaften, die man sich selbst nicht zuschreibt oder für das eigene Geschlecht als nicht wesensgemäß erachtet, grundsätzlich abgelehnt und verworfen würden. So lehnt die mütterlich und warm empfindende Nationalsozialistin direkte Gewaltanwendung für sich selbst als unweiblich ab, aber das hindert sie nicht daran, gerade den aggressiven und gewalttätigen Mann zu bewundern. Man hat den Eindruck, als ob die Brutalität des Mannes als Blitzableiter für eigene unterdrückte aggressive Tendenzen fungiert.

Der gleiche psychische Vorgang scheint offensichtlich auch beim Mann abzulaufen. Er lehnt zwar für sich Gefühlsäußerungen und jede Form von Zärtlichkeit als weibisch ab, weist aber der Frau gerade diese Eigenschaften als wesensgemäß zu. Eine nicht zu übersehende – und wohl auch nicht ganz unbeabsichtigte – Nebenerscheinung liegt darin, dass der Mann gelegentlich in den Genuss der ihm von der Frau entgegengebrachten Gefühle kommt, wenn er sich auch naturgemäß und aufgrund seiner seelischen und körperlichen Panzerung darin schwer tut, sie zu erwidern.

Anhaltspunkte dafür finden sich in dem gerade auch von Männern gepflegten Muttermythos. Die Beziehung zur Mutter ist für den Mann sehr bequem, da sie - als Idealbild - einseitig liebt ohne entsprechende Gegenforderungen zu erheben. Kennzeichnend für den Mythos ist, dass er sich auf alle Frauen und nicht nur auf die leibliche Mutter bezieht. Auch die eigene Frau wird durch Leugnung ihrer Sexualität auf die ‚reine' Ebene der hegenden Mütterlichkeit reduziert. Im Schrifttum taucht die Frau fast nur in Verbindung mit ihrer Mutterfunktion auf. Als geschlechtliches Wesen ist sie nicht existent, bzw. sie wird, wenn sie auf ihrer Sexualität beharrt, zur zwar benutzten, aber ebenso verachteten Hure.

In der Literatur (vgl. Reich, Fromm, Theweleit) wird immer wieder darauf hingewiesen, wie bedrohlich gerade dem faschistischen Mann die weibliche Sexualität erscheint. Die Zweiteilung der Frau in die asexuelle – und damit ungefährliche – Mama und die erotische – und deshalb angsterregende – Hure ist unübersehbar und als zentrale Kategorie des faschistischen Männertypus in all seinen Ausprägungen zu betrachten.

Die Leben spendende Mutter und der Tod bringende Krieger erscheinen als tiefster Ausdruck des komplementären Menschenbildes, in dem menschliche Eigenschaften geschlechtsspezifisch auseinander fallen, um sich in dem Zusammentreffen von Mann und Frau zur Ganzheit zu vereinigen. Der Mann tötet für die Frau mit, so wie die Frau für den Mann liebt. Mann und Frau sind tatsächlich nur halbe Menschen, da sie nur die Hälfte menschlicher Eigenschaften für sich in Anspruch nehmen. Diese Hälfte müssen sie dann aber doppelt – nämlich für das andere Geschlecht mit – erfüllen.

Vielleicht liegt hier ein Erklärungsansatz für die überaus extremen Verhaltensweisen beider Geschlechter. In diese Richtung weisen auch die Ausführungen Baeyer-Kattes über die Nazifamilie:

> „Man ist versucht, geradezu zu vermuten, dass, je mehr die Männer Einblick in die verbrecherische Rückseite des Systems nahmen, umso mehr die Frauen die edle Fassade mit diesen [nordischen, d. Verf.] Stilmitteln bekleideten. Die Frauen vieler hoher Funktionäre – insbesondere die nach gewissen Äußerlichkeiten ausgewählten zweiten oder Aufstiegsfrauen, harmlose, hübsche, junge Weibchen – lebten geradezu in einer altgermanischen Modewelt und Illusionsmoral. Es war, als ob die Gatten gleichsam Schuld und Unschuld, Schein und Wirklichkeit zwischen sich aufgeteilt hätten und die Männer in ihren Frauen ihre eigene Wunschatmosphäre ‚rein‘ verkörpert sehen wollten. Vielleicht, um dadurch ihre eigene Unreinheit und seelische Belastung loszuwerden." (Baeyer-Katte 1958, 164).

## 7.3 Die Unterdrückung der weiblichen Sexualität

Nach Reich ist die sexuelle Unterdrückung der Frauen eine wesentliche Voraussetzung für das Fortbestehen der autoritären Familie. Die Abhängigkeit der Frau und der Kinder vom Mann und Vater in der autoritären Familie sei für die Unterdrückten nur unter der Bedingung erträglich, dass das Bewusstsein, ein geschlechtliches Wesen zu sein, bei Frau und Kindern so gründlich als möglich ausgeschaltet werde. „D i e  F r a u  d a r f  n i c h t  a l s  S e x u a l w e s e n ,  s o n d e r n  n u r  a l s  G e b ä r e r i n  e r s c h e i n e n" (Reich 1971, 121).

Die Idealisierung der Mutterschaft diene im Wesentlichen als Mittel, in den Frauen das geschlechtliche Bewusstsein nicht aufkommen und die sexuelle Angst mit allen damit verbundenen Schuldgefühlen nicht untergehen zu lassen. Zur Stütze der autoritären Familie gehöre die Ideologie vom „Segen des Kinderreichtums", die unter anderem mit der Absicht propagiert werde, die Sexualfunktion der Frau gegenüber ihrer Gebärfunktion in den Schatten zu stellen (vgl. ebda). Reich zieht aus seiner Analyse der sexual-ökonomischen Voraussetzungen der autoritären Familie folgendes Fazit:

> „Die Frau als Sexualwesen, dazu noch bejaht und anerkannt, würde den Zusammenbruch der gesamten autoritären Ideologie bedeuten." (ebda).

In ihrer Haltung zur Sexualität vertreten die NS-Aktivistinnen völlig ü-
bereinstimmende Auffassungen: sexuelle Betätigung ist nur in der Ehe
und ausschließlich zum Zweck der Fortpflanzung statthaft.

> „Die gegenseitige Hingabe von Mann und Frau ist im tiefsten
> Grunde nicht so sehr ein Hingeben des Ichs an das Du, vielmehr ist
> es ein gemeinsames Sich-Hingeben an ein Drittes, eben an die Ein-
> heit, die auf ihrer gegenseitigen Ergänzung beruht, und lebendigen
> Ausdruck im Kinde findet." (NS-Frauenbuch 1934, 143).

Das sexuelle Erlebnis mit dem Partner wird nicht gesucht und gilt, sofern
es überhaupt einmal angesprochen wird, als völlig nebensächlich:

> „Eine Frau, ..., sucht neunmal von zehnmal im Mann den, der ihr
> ein Kind geben soll." (NSFW 1940, 14, 311).

„Illegitime Geschlechtsbeziehungen" sind der Deutschen Kämpferin zufolge Ausdruck „bloßer Triebbefriedigung" und zeugen somit von „zer-
setzende(r) Unverantwortlichkeit." Die unbedingt notwendige „Erziehung zur ehelichen Lebensform" dürfe keinesfalls der persönlichen Verantwortung überlassen bleiben, sondern werde am besten durch einen
„bindenden Gemeinschaftsrahmen" gewährleistet. „In dieser Richtung
bekommt das Arbeitslager noch seinen besonderen Wert." (DK 1934, 6,
168)

Sexualfeindliche Auffassungen wurden in den zwanziger und dreißiger Jahren sicherlich von der Mehrheit der Bevölkerung vertreten und
entspringen nicht primär nationalsozialistischem Gedankengut. Das auch
heute noch in den Medien verbreitete Bild von den freizügigen, sexuell
schrankenlosen zwanziger Jahren blieb in der Realität auf die Großstädte
beschränkt und hatte dort meines Erachtens seine historische Berechtigung nur für eine kleine Gesellschaftsschicht. Der überwiegende Teil der
Gesellschaft orientierte sich auch in der Weimarer Republik an strengen,
besonders von den Kirchen vertretenen Moralvorstellungen, die jegliche
geschlechtliche Betätigung, zumindest für Frauen, ausschließlich auf die
Ehe beschränkten. In ihrer Lustfeindlichkeit unterschieden sich die Nationalsozialistinnen demnach nicht von zahlreichen anderen gesellschaftlichen Gruppierungen. Ihre Einstellung zur Sexualität erhält jedoch durch
den rassistischen und antisemitischen Begründungszusammenhang einen
spezifisch nationalsozialistischen Einschlag.

In keinem anderen Bereich des Schrifttums tritt der Antisemitismus
in solcher Intensität zu Tage wie bei dem Thema Sexualität. Erotik, die
ihren Sinn in sich selbst sieht, gilt als „jüdische Verseuchung", da sie „den

Todeskeim für Volk und Rasse" in sich berge (NSFW 1939, 17, 537, 545). Angeprangert wird der „niederträchtige Versuch des Judentums, durch sittliche Entartung, laxe Moralauffassung und die Propagierung entnervter Lebensformen das deutsche Volk in seiner inneren Kraft für alle Zeiten tödlich zu lähmen." (ebda, 535).

Gegen diese „Zersetzungserscheinungen", die sich besonders darin zeigten, dass das „Weibliche ... ausschließlich unter einer mehr oder weniger lüsternen Perspektive gezeigt" werde, gelte es mit „unerbittlicher Härte" vorzugehen (ebda, 545).

Der Nationalsozialismus habe dem deutschen Volk wieder das „germanische Lebensideal" zurückgegeben, das sich durch „sittliche Lebensführung, Sauberkeit und Verantwortungsgefühl" auszeichne (NSFW 1939, 2, 60).

> „Wir haben nicht darum die Juden aus unserem Volkskörper ausgeschaltet, um die jüdische Moral des Sich-Auslebens und ihre jüdische Erotik weiterzuleben. Wir haben sie darum aus dem deutschen Volk entfernt, um unserer deutschen Sittlichkeit wieder Raum bei uns zu gewähren." (ebda).

Der Kampf gegen die „planmäßige Entsittlichung" wurde schon vor der Machtergreifung vom Deutschen Frauenkampfbund auf breiter Front geführt.

> „Unsere dringenden Forderungen richteten sich gegen die schauerliche Verderbung des Theaters, gegen die schamlose Literatur in schlechten Romanen, üblen Nacktbildzeitschriften und gemeinen Witzblättern. Ebenso wehrten wir uns gegen ... die gemeinen Schlager, den Jazztanz und die gesamte Neger-Nachäffung." (Diehl 1933, 71).

Nach Diehl habe in der Weimarer Republik „die innerlich zerfetzte Frauenwelt Verkehrssitten angenommen, die früher nur im Dirnentum bestanden." (ebda, 82). Die Frauen hätten die „innere Zurückhaltung, die bei aller Urwüchsigkeit und Fröhlichkeit dem deutschen Wesen anhaft(e), vielfach verlassen." (ebda).

Als Zeichen besonderer Verwerflichkeit gilt Diehl der Vorgang, dass auch „edle Frauen" bereits daran gewöhnt wären, „sich bei Gymnastik, Sport und Schwimmen in fast unbekleidetem Zustand auch rassefremden Männeraugen zu zeigen, ..." (ebda).

Dieser „sexuellen Verwilderung" und „öffentliche(n) Zuchtlosigkeit" sei entschieden durch Weckung des „seelischen Scham- und Bewahrungs-

gefühl entgegenzutreten." (ebda, 96 f). In diesem Sinn wird der Jugenderziehung eine besondere Aufgabe zugeschrieben:

> „Weil wir eben eine biologisch hochwertige und gesunde Elterng-
> eneration heranziehen wollen, darum müssen wir unsere Jugend vor
> geschlechtlicher Frühbetätigung schützen, die immer eine außer-
> eheliche ist, bei der die Jugend zwar körperlich, aber nicht seelisch
> reif zur Fortpflanzung ist, und die Gefahr der Ansteckung mit Ge-
> schlechtskrankheiten in hohem Maße mit sich bringt." (NSFW, 2,
> 60).

Da der „Mutterschoß ... als Quell der Volkskraft ... heilig zu halten" sei,
wird den Müttern angeraten, ein besonderes Augenmerk auf die geschlechtliche Reinheit ihrer Töchter zu legen (Diehl 1933, 96).
„Gute Mädchen und gute Gänse kommen beizeiten nach Haus." (NSFW
1939, 2, 60).

In den Äußerungen männlicher Nationalsozialisten zum Thema Sexualität finden sich zwar ideologiegemäß nicht einmal Ansätze ‚jüdischer Erotik', aber auch von der Achtung vor der ‚Heiligkeit des Mutterschoßes'
ist nicht viel zu spüren. So findet sich die ‚Hüterin der Rasse' in einem
1931 in der Rheinfront erschienenen Artikel unversehens auf der hohen
Stufe von Wein und Würfel wieder:

> „Wenige der Außenstehenden begreifen, dass der Verkehrston in-
> nerhalb der SA alles andere als keusch und still ist. Hier herrscht
> vielmehr ein sinnesfroher Landknechtstil. Das Lager der Braun-
> hemden ist nicht das puritanische Lager Cromwells. Wein, Weib
> und Würfel, zumindest die mittlere der drei Soldatenparolen, spie-
> len keine geringe Rolle in der Armee des kommenden Deutsch-
> land." (Zit. in Lauer 1932, 18).

Der eigenen Frau wurden selbstverständlich andere sexuelle Kontakte im
Hinblick auf die Wahrung der Rassereinheit untersagt. So behauptete
Gregor Strasser in einem Aufsatz mit der bezeichnenden Überschrift
„Doppelte Moral? Jawohl!", dass es der Wesenheit des arischen Blutes
entspreche, dass der Mann der Frau Reinheit der Seele und die Frau dem
Manne Reinheit des Körpers schulde (Zit. in Lauer 1932, 17).
  Sehr deutlich wird in diesen Zitaten die Zweiteilung des weiblichen
Geschlechtes in Mutter und Hure, wobei die NS-Aktivistin sich in ihrer
Sexualfeindlichkeit bewusst und stolz zur ersten Kategorie rechnet.
  Diese Doppelmoral fand keineswegs die Zustimmung der National-
sozialistinnen. Ihre Forderung nach sittlichem sauberem Lebenswandel

erstreckte sich auf beide Geschlechter. In der Deutschen Kämpferin wird mehrfach die sittlich-moralische Verantwortungslosigkeit der Männer angeprangert und eine Erziehung der männlichen Jugend zu Ehe und Vaterschaft gefordert (vgl. DK 1933, 1, 5).

> „Ist es nicht schlimm, dass man aussprechen kann: ‚Die Mädchen von 14 und 15 Jahren sind sittlich am gefährdetsten?' Wer gefährdet denn diese Kinder? Das andere Geschlecht, dessen Leben niemand unter die Verpflichtung der Triebbeherrschung stellt! Es stimmt eben nicht, dass ‚das Volk gesund ist, wenn die Frau gesund ist'. Richtig heißt es: ‚Wird e i n e Volkshälfte morbide (wie zur Zeit die männliche), so geht das ganze Volk unrettbar zu Grunde'. Darüber kann auch ein noch so ‚trotziges' Zuschaustellen muskulärer Kräfte nur eine Zeit lang hinwegtäuschen. Denn wenn auch immer noch ‚Weiber' da sind, die ‚Männer zu gebären vermögen', so können auch diese den Volkstod nicht aufhalten, sobald immer zahlreicher die Männer der Willensschwäche und Selbstverwüstung verfallen." (DK 1933, 9, 173).

## 7.4 Leiden und Dienen – der Mythos der Mütterlichkeit

> „Denn für die Mutter gilt das Wort, dass sie durch Dienen zum Herrschen gelangt, zu einem sehr leisen, sehr stillen und unbetonten Herrschen, dessen Sinn immer und immer das Dienen bleibt." (Gottschewski 1934, 37).

Die Mütterlichkeit der Frau als zentrales Element des weiblichen Wesens in der nationalsozialistischen Ideologie wurde in ihrer gesellschaftspolitischen Bedeutung bereits mehrfach angesprochen. In der Propaganda wird die Frau immer mit ihrer Mutterfunktion gleichgesetzt, so dass dieser Aspekt in jeden zu diskutierenden Lebensbereich hineinfließt.

In diesem Kapitel geht es mir nicht um die Beschreibung der realen Lebensverhältnisse von Müttern, sondern um die der Ideologie inhärente Mystifizierung der Mutterschaft, die für das Selbstverständnis und Selbstwertgefühl der NS-Aktivistinnen von großer Bedeutung ist. Folgt man den zahllosen Aussagen der Nationalsozialistinnen über das Wesen der Mutterschaft, so entsteht ein Frauenbild zusammengesetzt aus Leiden, Dienen und steter Opferbereitschaft.

> „Mutter sein heißt: entsagen, opfern, wach und immer bereit sein." (Deutsches Frauenschaffen 1939, 6).

Auf Werbeplakaten, welche den Frauen den Segen des Kinderreichtums nahe bringen sollen, sehen wir zwar meist lachende Gesichter, die den Eindruck vermitteln, dass es eine Freude ist, Kinder zu haben und mit ihnen umzugehen.

Im Schrifttum ist von dieser Freude jedoch nur wenig zu spüren. Auf den ersten Blick scheint eine Diskrepanz vorzuliegen zwischen der einseitigen Hervorhebung des Leid erfüllten und entsagungsvollen Charakters der Mutterschaft und der gleichzeitigen Propagierung dieser Lebensform als der vollkommenen Erfüllung eines jeden Frauenlebens.

Bei näherer Betrachtung erweist sich aber, dass die Konstruktion des Bildes von der unter ihren Pflichten fast zusammenbrechenden Mutter gesellschaftspolitisch durchaus funktional ist, da sie durch eine scheinbare Aufwertung ihrer Rolle die Frau einerseits real erst recht in ihre Schranken verweist, andererseits ihr diesen Zustand aber als erträglich erscheinen lässt.

Eine Frau, die ihr Muttersein genießt und es daher – Doppelbelastung bei gleichzeitiger Berufstätigkeit ausgeschlossen – nicht als übergroße Belastung empfindet, nötigt ihrer Umwelt weniger Ehrfurcht ab als eine Mutter, die ihre Kinder unter Verzicht auf eigenes Lebensglück in steter Selbstaufopferung großzieht. Auf diese öffentliche Achtung sind die ,Mütter der Nation' aber als Ausgleich für die Beschränktheit ihres Lebensraumes angewiesen.

Das Werben um gesellschaftliche Anerkennung erscheint mir daher aus Sicht der Frauen als wesentliches Motiv für das propagandistische Trommelfeuer, mit dem das Bild von dem ,leiderfüllten' und deshalb ,heiligen Weibtum' unters Volk gebracht wurde. Dass es darum ging, die Gleichwertigkeit mit dem Mann herauszustellen, zeigt sich unter anderem daran, dass im Schrifttum sehr oft vom ,Mutterberuf' die Rede ist und in diesem Zusammenhang auch direkte Parallelen zur männlichen Berufstätigkeit gezogen werden. Im Kern erweist sich die Mystifizierung des Mutterberufes jedoch als blanke Flucht vor der Wirklichkeit.

Das von den NS-Aktivistinnen skizzierte Bild vom weiblichen Opferdasein spiegelt trotz mancher Überzeichnungen einige reale Aspekte des Frauenlebens korrekt wider. Anstatt aber daraus den Schluss zu ziehen, sich für die Beseitigung bestehender, die Frauen diskriminierender Missstände einzusetzen, wählen die Nationalsozialistinnen den Weg, gerade aus dem Ertragen jedweder Unbill ihr Selbstwertgefühl zu schöpfen.

Sie konstatieren ihre öffentliche Einflusslosigkeit, aber ähnlich wie die christliche Religion dem Armen das Paradies verspricht und ihn so daran hindert, sich für die Befriedigung seiner Bedürfnisse im wirklichen, d.h. diesseitigen Leben einzusetzen, so verlegen auch die NS-Aktivistinnen die Wirkung und Bedeutung weiblicher Tätigkeit in übersinnliche Bereiche.

> „Die tiefste Wirkung der Frau wird immer unsichtbar bleiben. Sie kann nicht bewiesen werden, sondern nur gelebt. Ihrer Unsichtbarkeit entspricht ihre nachhaltige, in Generationen wirkende Kraft. Schon das Märchen aus der Frühe unseres Volkes weiß, dass die Mutter unsterblich ist; nichts von Ihrem Sein geht verloren, alles geht ein in ihr Geschlecht, auch das Ungelebte, auch das nur Ersehnte. Vielleicht sind die Träume der Mütter die Gestaltungen der Kinder." (NSFW 1938, 4, 109).

Geradezu masochistisch in ihrer totalen Selbstaufgabe wirkt die Beschreibung des Mutterdaseins bei Guida Diehl:

> „Ist sie eine rechte Mutter, so verliert sie sich selbst in ihrer Familienaufgabe. Aber wunderbar: g e r a d e   d a d u r c h   w i r d   s i e   i m   t i e f s t e n   S i n n   F r a u   u n d   M e n s c h. Je selbstverständlicher sie sich aufgibt, desto mehr. Im V e r l i e r e n ihres Lebens findet sie sich, ihre wahre Würde, ihren eigensten Menschen. So ist die Frau als Mutter berufen, der ganzen Menschheit das eine große vorzuleben: ‚w e r   s e i n   L e b e n   v e r l i e r t,   d e r   w i r d ’s   f i n d e n’… Sie wird Mutter und damit Vollmensch auf dem Weg der S e l b s t v e r l e u g n u n g, nicht auf dem der Selbstb e h a u p t u n g." (Diehl 1933, 92).

Das Problem, wie die zahlreichen kinderlosen Frauen in die Gemeinschaft der Mütter integriert werden können, haben die NS-Aktivistinnen propagandistisch geschickt gelöst durch die Konstruktion des Begriffes von der ‚seelischen Mütterlichkeit‘. Da die Mutterschaft sowieso abgehoben gesehen wird von dem körperlichen Prozess des Gebärens, ergibt sich hier kein logischer Bruch. Im Bereich der Mystik und der Transzendenz ist es relativ gleichgültig, ob die Mutter nun tatsächlich ein Kind hat oder nicht.

> „Und wisst, dass die Mütterlichkeit kein Z u s t a n d ist, sondern eine E i g e n s c h a f t! Sie wird gerade durch die deutschen Frauen hoch über die äußere Wertung in das Gebiet des Metaphysischen, des Übersinnlichen, gehoben. Tausendfach geben auch unverheiratete kinderlose Frauen ihrem Volke große und edle Mütterlichkeit

auf allen Gebieten, durch ihre berufliche Wirkung und in der Umwelt ihres Alltags." (FaW 1937, 5, 520).

Zweifel an der allen Frauen eigenen Mütterlichkeit und Mutterkraft werden im nationalsozialistischen Schrifttum lediglich in der Deutschen
Kämpferin laut. So schreibt Sophie Rogge-Börner:

> „Denn die Behauptung, dass jede Frau mütterlich veranlagt sei, ist
> ein Fehlschluss. ... So lässt sie [die Natur, d. Verf.] auch Frauen ge-
> boren werden, darunter überragend hochwertige, deren beherr-
> schende Komponente in anderen Bereichen als dem der Mütter-
> lichkeit liegt. Die Frau ist mütterlich oder sie ist es n i c h t." (DK
> 1933, 5, 81).

## 7.5 Die ‚Gestalterin des Hauses‘ im Dienste der Volksgemeinschaft

Zur Familienfunktion der Frau gehörte auch ihre Tätigkeit als Hausfrau.
In dieser Rolle erfuhr die ‚Hüterin des Hauses‘ eine ähnliche mystische
Überhöhung wie in ihrer Rolle als Mutter.

> „Dem deutschen Heim rühmt man in der ganzen Welt nicht zu
> Unrecht geheime Kräfte nach." (NSFW 1939, 22, 698).

Die Ausgestaltung des Heims mit den genannten seelischen Kräften ob-
lag nun der Hausfrau, die, Blumenschalen auf Karinhall-Möbeln vertei-
lend, dafür Sorge trug, dass die „schlichte und wahre" Wohnung die rich-
tige „Weihe" erhielt (NS-Frauenbuch 1934, 242-249, vgl. auch Baeyer-
Katte 1958, 155-171). In diesem Zusammenhang wurde immer wieder betont, dass die ‚Gestalterin des Hauses‘ sich stets in all ihrem Tun ihrer
Verantwortung für Volk und Vaterland bewusst sein müsse. Der Rück-
zug ins Privatleben war in der nationalsozialistischen Ideologie nicht vorgesehen. Der überzeugte Nationalsozialist hatte auch sein Familienleben
im Sinne der Ideologie durchgestylt bis hin zum ‚wahren Mobiliar‘.

> „Die Kräfte für die große Gemeinschaft aber wachsen ... in der
> engsten Gemeinschaft der Familie. So werden wir wieder verant-
> wortlich leben müssen, mit der Wohnung, die wir einrichten, dem
> Kleid, das wir tragen, der Musik, die wir machen, verantwortlich
> für die Verinnerlichung und die Atmosphäre unseres Heims, ver-
> antwortlich für unser Volk." (NS-Frauenbuch 1934, 249).

Die Konditionierung auf die Hausfrauentätigkeit setzte bereits beim jungen Mädchen ein, von dem selbstverständlich erwartet wurde, dass es seinen Bruder bediente.

> „Wie dankbar empfindet es der Bruder, der zwischen Fabrikarbeit und SA-Dienst sich nur zu hastiger Mahlzeit daheim an den Tisch setzen kann, wenn ihm seine Schwester die Uniform und alles, was er zum Dienst braucht, schon sorgfältig zurechtgelegt hat." (NSFW 1939, 22, 698).

Die propagandistische Aufmerksamkeit, die den Hausfrauen entgegengebracht wurde, hatte aber neben den romantisierenden Aspekten der Heimgestaltung noch einen durchaus realen Hintergrund.

So wurde immer wieder auf die volkswirtschaftliche Bedeutung der hausfraulichen Tätigkeit bezüglich des Einkaufs und Verbrauchs von Waren hingewiesen. Die Frauen wurden angewiesen, durch Steigerung der Binnennachfrage sinkende Exporte aufzufangen. Dabei sollten sie sich vornehmlich auf den Kauf deutscher Waren beschränken, um so das Autarkiebestreben des Dritten Reiches zu unterstützen und nur im absoluten Notfall auf ausländische Erzeugnisse zurückzugreifen. Das galt besonders für den Erwerb landwirtschaftlicher Erzeugnisse. Wer wie die NSDAP für eine Stärkung des Bauerntums eintrat, musste natürlich dafür Sorge tragen, dass die Bauern auch ausreichende Absatzmöglichkeiten hatten.

> „Bevor also die deutsche Hausfrau zur Südfrucht greift, mag sie überlegen, dass sie dieses Geld dem deutschen Bauern bzw. dem deutschen Arbeiter in der Konservenfabrik entzieht." (NS-Frauenbuch 1934, 94).

Wie weitgehend das Deutsche Reich sich von Importen unabhängig zu machen suchte, wird unter anderem in der Werbekampagne für Textilien aus Kunststoffen deutlich. Den Hausfrauen wurde angeraten, beim Kauf von Kleidungsstücken Kunstseidenstoffen „als Ergebnis deutschen Erfindergeistes" den Vorrang vor Naturstoffen, die importiert werden mussten, zu geben (ebda). Des Weiteren könne die Hausfrau auch einen eigenen Beitrag zur Förderung des Mittelstandes leisten, indem sie ihre Einkäufe vornehmlich in Einzelhandelsgeschäften tätige und große Warenhäuser meide. Auch bei der Bekämpfung der Arbeitslosigkeit war die Mithilfe der Hausfrau gefragt.

> „Die deutsche Hausfrau kann ihr wirtschaftliches Verantwortungsgefühl darin beweisen, dass sie sich schulentlassenen Mädchen an-

nimmt, damit diese nicht der Verwahrlosung infolge Sinnlosigkeit ihres jungen Daseins verfallen." (ebda, 97).

Die Hausfrau habe in diesem Zusammenhang neben ihrer volkswirtschaftlichen Verantwortung auch noch eine soziale Verantwortung. So gehe es nicht allein darum, den Mädchen einen Arbeitsplatz anzubieten, vielmehr müsse sich die Hausfrau darum bemühen, „den jungen Mädchen Verständnis und Liebe für diesen Beruf der Hauswirtschaft anzuerziehen, sie vorzubilden für ihre spätere eigene Haushaltsführung." (ebda).

## 7.6 Die NS-(Anti)–Familienpolitik

In der Propaganda wird immer wieder behauptet, dass der Nationalsozialismus angetreten sei zum Schutz der Familie durch Festigung der Ehe und durch eine Neu- und Höherbewertung der Mutterschaft. Aus dieser Wertschätzung der Familie schöpfen die NS-Aktivistinnen vornehmlich den Glauben, dass die nationalsozialistische Ideologie der Frau eine dem Mann gleichwertige Rolle in der Gesellschaft zubillige. Die Wirklichkeit entsprach diesem familienfreundlichen Bild allerdings nur bedingt, und teilweise wirkte die NS-Politik geradezu familienzerstörend.

Im Mittelpunkt der Familienpolitik stand die Züchtung möglichst zahlreichen erbgesunden und rassisch wertvollen Nachwuchses. Diesem Zuchtgedanken stand die traditionelle Form der Einehe im Grunde entgegen. Während die NS-Aktivistinnen an der Einehe aus sittlichen und im Interesse der nicht berufstätigen Mütter wohl auch aus materiellen Gründen ohne Abstriche festhielten, dachten männliche Nationalsozialisten offen über die Einführung der Bigamie nach. Besonders im Krieg gewannen diese Diskussionen an Aktualität. Nach Äußerungen Himmlers plante Hitler ernsthaft, unmittelbar nach dem Krieg die Doppelehe einzuführen (vgl. Kuhn 1982, Bd. 2, 116).

Dass die Ehe ausschließlich unter dem Aspekt der Kinderzeugung gesehen wurde, beweist auch die Tatsache, dass im neuen Eherecht ‚Unfruchtbarkeit' bzw. ‚Verweigerung der Fortpflanzung' als Scheidungsgrund eingeführt wurde. Die Rassegesetzgebung führte zudem zur bewusst angestrebten Zerstörung unzähliger Familien.

Das mystisch hochstilisierte Mutterbild reduzierte sich in der Realität auf die Ausnutzung der weiblichen Gebärfähigkeit, die außerdem auf die rassisch hochwertigen Frauen beschränkt wurde. Als erbkrank eingestufte Männer und Frauen wurden zwangssterilisiert. Als Angriff auf die Familie ist auch die Verlagerung der Kinder- und Jugenderziehung auf staatliche Institutionen, wie HJ, BDM und Arbeitsdienst zu werten. Im Schrifttum kommt immer wieder die Sorge der Eltern zum Ausdruck, dass ihnen durch diese Organisationen ihre Kinder entzogen und entfremdet würden (vgl. NSFW 1937, 22, 695 f).

Erst im Verlauf des Krieges, etwa ab 1941, wird die Erziehungsaufgabe des Elternhauses wieder stärker betont und jetzt zur ersten Pflicht einer jeden Mutter erklärt (vgl. NRF 1941, 5, 68). Dies ist aber keinesfalls auf einen Wandel innerhalb der Ideologie zurückzuführen. Vielmehr konnten die Jugendorganisationen im Krieg ihre Aufgaben nicht mehr in vollem Umfang wahrnehmen, da die HJ-Führer zum großen Teil an der Front standen und auch die BDM-Führerinnen zu kriegswichtigen Einsätzen, z. B. in den besetzten Ostgebieten, herangezogen wurden (vgl. Klaus 1980, 120-125).

Als Argument für eine familienfreundliche Politik könnte man die Gewährung von Ehestandsdarlehen sowie die Mütterschulungen und die Kurse in Haushaltsführung werten. Meiner Auffassung nach stehen aber auch hier andere Aspekte als die Familienförderung im Vordergrund.

Die Ehestandsdarlehen wurden beispielsweise bewusst als Mittel eingesetzt, um die Frauen vom Arbeitsmarkt zu verdrängen. Die Gewährung dieses Darlehens wurde nämlich mit der Verpflichtung für die Frau verbunden, bis zur vollständigen Rückzahlung auf jede Art von Berufstätigkeit zu verzichten. Die Haushaltskurse hatten klar erkennbar das Ziel, die Frauen zu einer den Autarkiebestrebungen des Staates entgegenkommenden Haushaltsführung zu erziehen, waren demnach eher volkswirtschaftlich als familienpolitisch motiviert.

Dass die nationalsozialistische Familienpolitik trotz aller gegenteiligen Propaganda in letzter Konsequenz familien- und vor allem frauenfeindlich war, ergibt sich nicht nur aus der Retrospektive, sondern wurde schon im Januar 1934 von der Nationalsozialistin Sophie Rogge-Börner klar erkannt:

> „Während der Mann sich als Mensch des 20. Jahrhunderts gibt und alle ‚Errungenschaften' einer materialistischen Kultur für sein persönliches Leben in Anspruch nimmt, soll die Frau in einen primitiven Urzustand zurückversetzt werden und nur durch Gebärtüchtigkeit Wert für die Gemeinschaft haben; denn in Wahrheit wird ihr nicht einmal die Familie als Wirkensfeld einer geistig-charakterlichen Ebene überlassen; kann doch auf Hochschultagungen ganz offen ausgesprochen werden, die Auffassung, die Familie wäre die Keimzelle der völkischen Gemeinschaft, sei überwunden,

diese Mütterauffassung würde abgelöst durch die männliche Welt-anschauung, die die Erziehung der Knaben und Jünglinge aus der Familie heraus und in den Männerbund und das Kameradschafts-haus verlege... Es mehren sich auch die ernst gemeinten Vorschlä-ge, die Ehe durch eine ‚Mutterehe' oder durch eine ‚fruchtbare Zei-tehe' zu ersetzen; die ‚mutterschaftstüchtigen' Frauen sollen alle zwei Jahre von einem andern ‚züchtungstüchtigen' Partner begattet werden; die im Laufe eines Frauenlebens geborenen Söhne werden der Mutter vom 6. Lebensjahre abgenommen und im Männerhaus erzogen; die Frauen leben im Frauenhaus. Es wird also zurzeit die Familie in den höchsten Tönen als die einzige Schaffensebene der Frau gepriesen; und zur gleichen Zeit werden ganz konkrete Vor-schläge zur Aufhebung der Ehe und Auflösung der Familie ge-macht. Das sind unerhörte Angriffe auf die E h r e der deutschen Frau und den Lebensbestand des Volkes." (DK 1934, 10, 194).

# 8 Die Frau im Beruf

> „Es ist indes die merkwürdigste und auffallendste Tatsache in der
> Entwicklung der Frauenberufstätigkeit, dass sie seit ihrem Beginn
> den extremsten Bewertungen unterlag und geradezu alle paar Jahre
> abwechselnd als eine nationale Pflicht galt oder als eine unweibliche
> Verirrung." (Rilke in Nationalsozialistische Monatshefte 1942,
> 143/144, 123).

Die Einstellung zur weiblichen Erwerbstätigkeit wurde im nationalsozialistischen Schrifttum breit und zum Teil kontrovers diskutiert.
Im Folgenden soll gezeigt werden, wie die verschiedenen ideologischen
Positionen zu diesem Thema in der Politik und Propaganda wirksam
wurden. Dabei sind in der Analyse die sich unter der Hochrüstungspolitik verändernden wirtschaftlichen Rahmenbedingungen zu berücksichtigen.

## 8.1 Die berufstätige Frau – ein ‚gequältes Geschöpf'

> „Die berufstätige Frau von heute ist ein gequältes und gedrücktes
> Geschöpf. Stundenlang sitzt sie am Tag hinter der Schreibmaschine
> oder dem Stenogrammblock. Müde und abgespannt kommt sie a-
> bends heim. Tag für Tag, Woche für Woche die gleiche Qual!
> Gänzlich gegen Gefühlsregungen abgestumpft, vermag sie keine
> Freude mehr zu empfinden, wie viel weniger noch zu geben. Die
> Frau ist zur Arbeitsmaschine geworden... . Der Nationalsozialis-
> mus will jedoch die Frau ihrem wahren Beruf wieder zuführen, von
> dem sie sich seit einigen Jahrzehnten immer mehr abgewandt hat,
> und wird auch die wirtschaftlichen Grundlagen zu dieser Möglich-
> keit schaffen. Die deutsche Frau soll wieder Gattin und Mutter
> werden können, die gesunde Kinder zur Welt bringt und dem
> Mann stets ein guter Kamerad ist." (Dorothea Gärtner, zit. in:
> Lauer 1932, 27).

Im gleichen Sinn wie Dorothea Gärtner äußert sich auch Sophia Rabe,
der das derzeitige Ausmaß der Frauenarbeit als „Versklavung der Frau"
erscheint (Rabe 1932, 11).

> „Wir verlangen Emanzipation der Frau vom Er-
> werbsleben, nicht Emanzipation der Frau vom Manne." (ebda,
> 9). Daher seien zumindest die Frauen, deren Existenz anderweitig

gesichert sei, „aus dem Wirtschaftsleben ... zu entfernen" (ebda, 10).

Frauen, die um ihr Leben zu erhalten, erwerbstätig sein müssten, seien nach den eigentlich weiblichen Berufen zu lenken, in denen sie mehr Befriedigung finden würden als in den so genannten Männerberufen. Guida Diehl möchte die Erwerbstätigkeit von Müttern grundsätzlich verboten wissen und gesteht nur unverheirateten Frauen das Recht auf einen Beruf zu, den sie allerdings mit ihrer „seelischen Mutterschaft" zu durchwalten hätten (Diehl 1933, 98).

> „Die berufstätige unverheiratete Frau muss mütterlichen Berufen zugeführt und zur Mutter im Volksganzen werden." (ebda).

Die Nation brauche die Frauen nicht als tüchtige Leistungsmenschen, die irgendeinen Beruf gerade so gut wie ein Mann versähen. Berufe, in denen die Frauenkraft in ihrer besonderen Eigenart nicht gebraucht werde, könnten Frauen auch gar nicht glücklich machen. Deshalb müsse die gesamte Erziehung und Ausbildung der Mädchen auf die künftige leibliche oder geistige Mutter abzielen und das Berufsleben dem entsprechen.

> „Von diesem Gesichtspunkt aus gesehen dürfen nur die Haus-, Garten- und landwirtschaftlichen, pflegerischen, erzieherischen, lehrenden, heilenden, künstlerischen und kunstgewerblichen Berufe und diejenigen in den dazugehörenden Verwaltungs- und Regierungsämtern aufrechterhalten werden." (ebda, 103).

Dieselbe negative Einstellung zur weiblichen Erwerbstätigkeit vertritt die als Ärztin und Schriftleiterin berufstätige Johanna Haarer, wenn sie schreibt:

> „Die Familie muss wieder ganz und gar zur Hauptsache unseres Lebens, besonders für uns Frauen werden ... Vorüber sind die Zeiten, da es Auseinandersetzungen geben konnte darüber, wo eine Frau hingehöre, ob in den Beruf oder die Familie, vorbei der Abschnitt deutscher Frauengeschichte, da es z.B. für eine begabte Frau einen Konflikt bedeutete zu wählen zwischen einem Leben, das ausschliesslich ihrer eigenen Arbeit gewidmet war und einem Leben in und für die Familie. ... Täuschen wir uns darüber nicht: Als Arbeiterinnen sind wir ersetzbar, einerlei ob wir in der Fabrik, in Haus- und Landwirtschaft, in Kunst oder Wissenschaft tätig sind. Die Welt geht weiter und entbehrt nicht viel, wenn eine unserer Leistungen ungetan bleibt, auch der bedeutends-

ten unter uns. Als M ü t t e r und F r a u e n aber in unserem Heim, bei unseren Kindern – d a s i n d w i r u n e r s e t z l i c h, auch die unscheinbarste unter uns, die durchschnittlichste. ... Alle wahre Arbeit und Leistung der Frau beginnt und endigt in der Familie." (NSFW 1938, 4, 98 f.).

Haarer erkennt, dass dieses Familien- und Mutterideal besonders unter jungen Frauen nicht unumstritten ist.

> „Nun wird - wir wissen dies genau! - unseren jungen Mädchen und jungen Frauen manchmal ein wenig Angst, wenn ihnen also nachdrücklich ihre künftigen Pflichten in der Familie vor Augen geführt werden ... Sie haben viel Freiheit zu verspüren bekommen, Freiheit in der beruflichen Ausbildung, in der Arbeit, in jugendlicher Gemeinschaft, im Sport und im Vergnügen. Sollen wir, so fragt sich die weibliche Jugend im Stillen, dies alles wirklich aufgeben? Sollen unsere Tage ausgefüllt sein von Kochen und Putzen, von Kinder warten und Windelwaschen?" (ebda, 99).

Von der mangelnden Begeisterung der weiblichen Jugend für diesen seine Erfüllung im Putzen findenden Lebensstil zeigt sich Haarer indes nicht allzu beunruhigt:

> „Trotzdem ist es wohl unnötig, sich darüber allzu sehr zu bekümmern. Ein junges Mädchen ist erstaunlicher Wandlungen fähig. Ihre ganze Einstellung zu Haus und Familie pflegt sich mit einem Schlag zu ändern, sobald der Mann in ihr Leben tritt, mit dem sie sich verbinden wird, sobald sie den ‚eigenen Herd' greifbar vor Augen sieht." (ebda).

Diese rigide Auffassung, welche in letzter Konsequenz auf eine totale Verdrängung der Frau aus dem Berufsleben abzielt, wenn man - von meist schlecht bezahlten - karitativen Tätigkeiten absieht, findet sich vor allem in Büchern und Broschüren, die Anfang der dreißiger Jahre erschienen. Gleich lautende Aussagen finden sich auch in Artikeln im Nachrichtendienst und in der Frauenwarte.

Auffallend ist in all diesen Aufsätzen, dass die Forderung nach Rückführung der Frau in die Familie nie auf ihre ökonomische und gesamtgesellschaftliche Durchsetzbarkeit hin überprüft wird. Die Realitätsblindheit, die hinter diesen Auffassungen steht, erweist sich besonders durch die Tatsache, dass die Industriearbeiterinnen als größte Gruppe der weiblichen Erwerbstätigkeiten in den genannten Aufsätzen überhaupt nicht auftauchen. Die Industriegesellschaft erscheint diesen Nationalsozialistinnen mit ihren ,seelenlosen Maschinen' als unheimlich und bedrohlich; Akkord- und Fließbandarbeit können kaum mit dem weiblichen Wesen in Verbindung gebracht werden. Andererseits ist auch für das Dritte Reich die Mitarbeit der Frau in der Industrie unverzichtbar.

Dem argumentativen Dilemma, auf der einen Seite für eine ,wesensgemäße' Lebensführung der Frauen einzutreten, andererseits aber gerade die Frauen, die sich in ihrer Tätigkeit am weitesten vom weiblichen Wesen entfernt haben, auf Dauer am Fließband zu belassen, entgehen die NS-Aktivistinnen durch schlichte Ignorierung dieser Tatbestände.

Diese Ignoranz wurde mit Sicherheit dadurch unterstützt, dass die NSDAP trotz ihres Namens keine Arbeiterpartei war, sondern ihre Anhängerschaft vor allem im Kleinbürgertum und in der Landwirtschaft fand. Dies gilt auch für die NS-Aktivistinnen, deren Äußerungen sehr deutlich zeigen, dass sie selbst keinerlei Bezug zur Arbeiterklasse haben.

## 8.2. Die Verdrängung der Frau aus qualifizierten Berufen

Nach der Machtergreifung 1933 begann die NSDAP sehr bald, ihre Vorstellungen bezüglich der Frauenerwerbstätigkeit in die Tat umzusetzen. Dabei zeigte sich, dass in erster Linie Frauen, die qualifizierte Stellungen bekleideten, ,ihren Familien zurückgegeben' wurden. Waren schon von der am 7. April 1933 verfügten Entlassung politisch unliebsamer und nicht-arischer Beamter viele Frauen betroffen, so richtete sich die ,Beurlaubung' zahlreicher Oberschulrätinnen, Schulleiterinnen, Dozentinnen und Regierungsbeamtinnen gezielt gegen die in gehobenen Positionen tätigen Frauen. Am 30. Juni 1933 wurde das Gesetz zur Rechtsstellung der weiblichen Beamten von 1932 dahingehend erweitert, dass verheiratete Beamtinnen zwingend zu entlassen seien; diese Bestimmung galt auch auf Länder- und Gemeindeebene. Ab dem 31. Mai 1934 wurde dieses Gesetz, das die Frauen auch in der Besoldung schlechter stellte als ihre männlichen Kollegen, auch auf unverheiratete Beamtinnen angewandt. Frauen wurden, sofern sie überhaupt noch verbeamtet wurden, erst nach Ablauf des 35. Lebensjahres zu planmäßigen Beamten auf Lebenszeit berufen. Von ähnlichen Restriktionen, die einem Berufsverbot gleichkamen, waren nahezu alle Akademikerinnen betroffen. Ärztinnen fanden kaum noch eine Stelle, auf der sie ihre Assistenzzeit ableisten konnten, verheirateten Ärztinnen wurde im Rahmen der Doppelverdienerkampagne die Kassenzulassung entzogen. Juristinnen durften weder als Richter noch als Anwalt tätig sein (vgl. Mutterkreuz 1981, 110-114).
Die Kette dieser Beispiele ließe sich unschwer weiterführen.

Die männlichen Berufskollegen zeigten sich in aller Regel mit ihren von Entlassung bzw. Berufsverbot bedrohten Kolleginnen nicht solidarisch. Im Gegenteil: Sie waren vielfach froh, die unliebsamen Konkurrentinnen auf dem Arbeitsmarkt endlich los zu sein. So hatten besonders der Philologenverband und die Ärzteverbände schon in der Weimarer Republik ihre Kolleginnen energisch bekämpft, und die frauenfeindliche Politik der Nationalsozialisten war durchaus in ihrem Sinn. Der Reichsverband der angestellten Ärzte und Apotheker beispielsweise schloss 1933 alle weiblichen Mitglieder aus, und der Reichsärztebund ging in seiner Forderung, die Zahl der Medizinstudentinnen auf anteilsmäßig 1,5 % zu beschränken, sogar noch über die Vorstellungen der NSDAP hinaus (vgl. ebda, 142).

Die bereits 1933 eingeführten Ehestandsdarlehen zielten besonders auf die Verdrängung der Arbeiterinnen und Angestellten aus dem Berufsleben. Im Unterschied zu den drakonischen Zwangsmaßnahmen, denen die höher qualifizierten Frauen ohne jede Möglichkeit des Widerspruchs ausgeliefert waren, stellte das Ehestandsdarlehen lediglich einen Anreiz dar, beließ also in Anerkennung der wirtschaftlichen Notwendigkeiten der einzelnen Frau noch eine gewisse Entscheidungsfreiheit.

Die NS-Aktivistinnen bzw. die dem Nationalsozialismus nahe stehenden Frauenverbände und Vertreterinnen der Berufsorganisationen akzeptierten zum größten Teil die Maßnahmen der Reichsregierung widerspruchslos und machten wiederholt deutlich, dass sie die berufliche Gleichstellung mit den Männern gar nicht anstrebten. Kritik wurde allerdings öfter an der Tatsache geübt, dass der nationalsozialistische Staat den Frauen auch ‚wesensgemäße Berufe' verschloss. Als typisch für diese Reaktionsweise ist das Schreiben des Ringes Nationaler Frauenbünde an den Reichskanzler vom April 1933 zu werten.

„Hochgeehrter Herr Reichskanzler!

Die erfolgreichen Bemühungen der nationalen Regierung, Reich und Ländern ... eine einheitliche Führung zu geben, sind auch von den nationalen Frauen ... mit dankbarer Freude begrüßt worden. Wir haben auch volles Verständnis dafür, dass diesen Bemühungen um eine einheitliche Führung auch die Frauen in beamteten Stellungen weichen mussten, die sich im Gegensatz zur nationalen Bewegung befanden, ... Wir erstreben keinesfalls die schematische

Gleichsetzung von Frauen- und Männerleistung an verantwortlichen Stellen, sondern wir sind der Ansicht, dass jedem Geschlecht besondere Arbeitsgebiete gewiesen sind. In einem Volksstaat aber, der sich auf der Familie aufbauen will, wird dann auch die Einreihung der Frau in den ihr kraft ihrer Eigenart zufallenden Gebieten, auch an verantwortlichen und beamteten Stellen, nicht entbehrt werden können. ... Aus den oben dargelegten Gründen bitten wir ergebenst, bei Neubesetzung von Ämtern, die soziale, erzieherische und kulturelle Belange betreffen, die für diese Arbeit in geeigneter Weise vorgebildeten Frauen aus nationalen Kreisen einzusetzen.

In ausgezeichneter Hochachtung..." (Zit. in Kuhn 1982, Bd. 2, 89).

Die nationalsozialistischen Feministinnen, die ihr Sprachrohr vor allem in der Deutschen Kämpferin fanden, sahen die Maßnahmen der von ihnen so freudig begrüßten neuen Regierung hingegen als eindeutig frauenfeindlich an und kommentierten diese Politik in harschen, unzweideutigen Worten, wobei sie sich besonders für die bedrängten Akademikerinnen einsetzten.

„Wir staunen immer wieder über die reaktionären Gedankengänge der Männer einer Zeit, die wir als völkisch beseelt ersehnten und mit erkämpften, die wir mit neuen, starken, uns rassegemäßen, zukunftsträchtigen Sinngebungen erfüllt glaubten, und die nun die eine Hälfte des Volks ins Mittelalter zurückversetzen will und die Frau nicht anders denn als sekundäres Geschöpf zu sehen vermag, über das ‚man' befindet, wie und was es ist und kann. Einmal hundert Jahre freie, unserer Rasse würdige Entfaltung für das weibliche Geschlecht und wir werden wissen, was der Schöpferwille als seine ‚natürliche Veranlagung' festlegte!" (DK 1934, 1, 22) .

Der ihr eigenen Ausdeutung des komplementären Menschenbildes entsprechend, lehnte Die Deutsche Kämpferin auch jede Begrenzung der weiblichen Erwerbstätigkeit auf wesensgemäße Berufe ab.

„Die deutsche Frau muss fordern, dass ihr keine Arbeit verschlossen bleibt, zu der sie sich berufen fühlt. Woher nimmt der Mann das Recht, ihr Schaffen nach seiner Willkür zu beschränken? Ist die Frau nicht Sklave, sondern frei geborener Mensch, so kann sie nur nach ihrem Gewissen entscheiden, wie sie ihrem Volke dienen will." (DK 1933, 2, 30).

Die Reichsreferentin im Innenministerium, Paula Siber von Groote, wird in der Deutschen Kämpferin mit dem Satz zitiert: ‚Alle Frauenunruhe und damit alle Frauenfrage ist aus dem Entzug von Aufgabe und Arbeit entstanden'. Darauf Bezug nehmend schreibt Die Deutsche Kämpferin:

> „Im Jahre 1933 ist allerdings viel ‚Frauenunruhe' entstanden, da viele Frauen nicht nur das weit verbreitete schwere Los der Arbeitslosigkeit teilen mussten, - das hätte sich im Jahre 1933 doch auch für sie bessern müssen! - sondern erleben mussten, wie sie aus unsachlichen Gründen aus ihrer Arbeit verdrängt wurden." (DK 1934, 12, 251).

Besonders besorgt zeigt sich Die Deutsche Kämpferin über die Entlassung der Lehrerinnen. Argumentativ geschickt weist sie darauf hin, dass unter Zugrundelegung der nationalsozialistischen Auffassung einer geschlechtsspezifischen Arbeitsteilung gerade der „Lehr- und Erziehungsberuf an der Jugend als eine vordringlich weibliche Aufgabe angesprochen werden" müsse (DK 1933, 3, 36).

Aus dem gleichen Grund wird der Erlass des preußischen Unterrichtsministers vom 12.1.1934 kritisiert, demzufolge frei gewordene Stellen von Studienrätinnen an höheren Mädchenschulen in Studienratsstellen umgewandelt werden sollen und der allgemein für die Zukunft ein Verhältnis von männlichen zu weiblichen Lehrern in der Relation 3 : 2 anstrebte. Nach den Berechnungen der Deutschen Kämpferin wäre bei voller Durchführung des Erlasses der weibliche Einfluss im wissenschaftlichen - Unterricht an höheren Mädchenschulen nahezu ausgeschaltet, da Frauen allgemein weniger Stunden als Männer geben und zudem auf bestimmte ‚weibliche' Fächer wie Hauswirtschaft, Biologie (Rassenkunde) und Handarbeiten festgelegt würden.

> „Es ist uns oft gesagt worden, dass die Frau im 3. Reich selbstverständlich das volle Recht auf die ihr wesenseigenen Berufe behalten soll. Die genannten preußischen Erlasse lassen sich mit diesem Versprechen nicht in Einklang bringen." (DK 1934, 1, 23).

Zudem wird betont, dass die Entlassung aus dem Beruf die Lehrerinnen in aller Regel in größte wirtschaftliche Bedrängnis brächte, da auch die unverheirateten Lehrerinnen zu einem hohen Prozentsatz unversorgte Angehörige materiell unterstützen würden (vgl. DK 1936, 9, 335-340).

Aber auch die persönliche Bindung, welche die betroffenen Lehrerinnen an ihren Beruf hätten, wird argumentativ ins Feld geführt.

„Bei jeder Verdrängung einer innerlich mit ihrer Arbeit verwachsenen Frau geschieht ein Unrecht an der Frau, der man ein Stück Seele nimmt." (DK 1934, 12, 250).

In gleicher Weise setzte sich Die Deutsche Kämpferin für die Interessen der von Entlassung, bzw. Nichteinstellung betroffenen Ärztinnen und Juristinnen ein (vgl. DK 1934, 1, 23; DK 1935, 11, 343 f und DK 1936, 9, 35).

Die Verzweiflung über die Behandlung der berufstätigen Frauen ging so weit, dass sie sogar zu einer Erschütterung des nationalsozialistischen Selbstverständnisses führte. So sehr hatte man sich gerade in Hinblick auf eine Neugestaltung des Verhältnisses der Geschlechter zueinander für den sich seiner völkischen Grundlagen bewussten nationalen Staat eingesetzt, und als Ergebnis stand eine Frauenentrechtung, die alles bisher da gewesene bei weitem übertraf (vgl. DK 1933, 6, 122).

Die Empörung über diese Entwicklung mischte sich mit der verzweifelten Hoffnung, dass Hitler die Ausschaltung der Frauen aus dem öffentlichen Leben nicht gutheißen und verhindern werde.

„Wir lassen uns in unserem Glauben an Hitler nicht irre machen durch Maßnahmen, die den Aufgabenkreis der Frau beschränken wollen. Wir glauben es nicht, dass ein Mann, der sein Volk retten will, dem weiblichen Teil des Volkes die Schwingen beschneidet und nur im ‚Männerbund' das Volk vertreten sieht. Es ist unmöglich, dass der Führer einer Nation den deutschen Menschen nur halb und im Weibe nur ‚die Gebärerin seiner Söhne wertet', wie ich es in einer Zeitschrift über nationale Erziehung las. ... Bittend möchten wir an den Führer herantreten, dass er uns ganz einschalte in sein Werk, dass er sich alle unsere Kräfte sichere, die mütterlichen und die volksmütterlichen, dass nicht ein Teil unserer Anlagen brachliegen und verkümmern muss." (DK 1933, 7, 134).

Die Entschlossenheit, mit der Die Deutsche Kämpferin für die Rechte der arbeitenden Frauen stritt, zeitigte keinerlei praktische Wirkung und konnte den Verdrängungsprozess nicht aufhalten. Den klarsten Beleg für die Einflusslosigkeit dieser Position finden wir in der Tatsache, dass Die Deutsche Kämpferin immerhin bis 1937 erscheinen und ihre frauenrechtlerische Haltung weitgehend unzensiert publizieren durfte. Es ist anzunehmen, dass hinter der Tolerierung dieser Minderheitenmeinung die Absicht stand, die emanzipierten Rassistinnen vom Schlage einer Rogge-Börner auch weiterhin an das System zu binden.

## 8.3 Die weibliche Arbeitsreserve zwischen Mutterschaft und Rüstungsindustrie

Bemerkenswerterweise gewannen aber auch die radikalen Vertreterinnen der Auffassung, dass der Lebensbereich der Frauen ausschließlich auf Haus und Familie zu beschränken sei, nach 1933 keinen nennenswerten Einfluss im nationalsozialistischen Staat.

Diese Frauen mögen zwar dem von nationalsozialistischen Männern entworfenen Frauenbild am ehesten entsprochen haben, obgleich ihre Spießigkeit auch auf Nationalsozialisten vielfach langweilig wirkte (Vgl. Maschmann 1963, 150 f), aber so sehr ihre Auffassungen bezüglich der weiblichen Erwerbstätigkeit auch ideologisch erwünscht sein mochten, so sehr widersprachen sie andererseits den ökonomischen Erfordernissen. Die Wirtschaft konnte - zumal unter der bald einsetzenden Hochrüstungspolitik - auf die weiblichen Arbeitskräfte nicht verzichten und demgemäß erschienen parteioffizielle Äußerungen, die auf eine totale Verdrängung a l l e r Frauen aus dem Berufsleben zielten, als nicht opportun.

Aus diesem Grund gewann die Position der NS-Aktivistinnen, die sich für weibliche Erwerbstätigkeit, allerdings unter wesensgemäßen Vorzeichen, einsetzten, schon bald die Oberhand. Die Analyse des Schrifttums macht dabei deutlich, dass das ‚weibliche Wesen', den wirtschaftlichen Erfordernissen angepasst, durchaus unterschiedlich definiert werden konnte. Der Trend zu einer weitergehenden Anerkennung der weiblichen Erwerbstätigkeit vollzog sich allerdings bei den einzelnen Zeitschriften in unterschiedlichem Tempo. Dies ist nicht weiter verwunderlich, wenn man berücksichtigt, dass die Zeitschriften je unterschiedliche Leserinnen ansprachen. Der Nachrichtendienst beispielsweise behandelte die Situation berufstätiger Frauen eher am Rande und legte das Schwergewicht seiner Artikel auf die Schulung der Haus- und Landfrauen in sparsamer Haushaltsführung.

Als Organ der Arbeiterinnen und weiblichen Angestellten sprach sich hingegen die Frau am Werk in nahezu allen Artikeln für den Erhalt der weiblichen Berufstätigkeit aus. Im Sinne der wesensgemäßen Arbeitsteilung betonte sie allerdings immer wieder, dass eine gezielte Berufslenkung die Mädchen besonders auf sozialfürsorgerische, landwirtschaftliche und hauswirtschaftliche Berufe verweisen sollte (vgl. FaW 1937, 3, 460). Trotz dieser Einschränkung verstand sich die Frau am Werk aber letztlich als Anwalt aller berufstätigen Frauen und setzte sich in ihren Artikeln energisch für verbesserte Arbeitsschutzbestimmungen, den Ausbau der sozialen Betreuung in den Betrieben und in manchen Branchen sogar für eine Angleichung der Frauen- an die Männerlöhne ein (vgl. FaW 1937, 4, 485 f).

Besonders erwähnenswert sind die Artikel von Alice Rilke, die sich als Referentin im Frauenamt der DAF mit besonderem Engagement für die Interessen der berufstätigen Frauen einsetzte.

> „Es war eine innere Umkehr, eine Rückwendung zum eigentlichen Wesen der Frau, wenn der Nationalsozialismus Frauen auf den Plätzen im Beruf, in der Wirtschaft ablehnte, die eigentlich Männern zukommen, von Männern besser ausgefüllt werden können. Wir deutschen Frauen sind dem Führer für diese Erkenntnis dankbar." (NSFW 1937, 19, 593).

Diese Erkenntnis war 1937 nicht mehr ganz zeitgemäß, da der hauptsächlich durch die Hochrüstungspolitik verursachte Arbeitskräftemangel den ständig steigenden Einsatz weiblicher Arbeitskräfte erforderlich machte. Überhaupt war die Zahl der berufstätigen Frauen in der Industrie nach 1933 trotz gegenteiliger Propaganda und der Gewährung von Ehestandsdarlehen nur anteilsmäßig zurückgegangen, absolut gesehen aber konstant gestiegen. Ab Mai 1936 stieg die weibliche Erwerbstätigkeit auch relativ gesehen wieder an (vgl. FaW 1937, 4, 485). Der Boom in der Rüstungsindustrie zog männliche Arbeitskräfte aus anderen Industriezweigen, besonders der Verbrauchsgüterindustrie, ab, und die Unternehmer besetzten die frei werdenden Stellen meist mit weiblichen Arbeitskräften. Ab 1937 arbeiteten Frauen aber auch zunehmend in der Rüstungsindustrie.

Die erweiterten Arbeitsmöglichkeiten für Frauen in der Industrie lösten aufgrund der vergleichsweise guten Arbeitsbedingungen eine Landflucht aus, die den Autarkiebestrebungen des Dritten Reiches völlig zuwiderlief, da sie die bereits erhebliche Arbeitsüberlastung der auf dem Land verbliebenen Bauern noch verstärkte und teilweise sogar zu einer Einschränkung der landwirtschaftlichen Produktion führte. Auch viele Hausmädchen verließen ihren ,wesensgemäßen' Beruf und wanderten in die Industrie ab. Um diesem Arbeitskräftemangel in der Land- und Hauswirtschaft entgegenzuwirken, ordnete Göring am 15. Februar 1938 das Pflichtjahr für weibliche Erwerbstätige unter 25 Jahren an (vgl. Winkler 1977, 56-58).

Die schwerwiegende Bedeutung des Arbeitskräftemangels zeigt sich darin, dass die Nationalsozialisten sogar begannen, sich für die berufliche Ausbildung körperbehinderter Volksgenossinnen einzusetzen, um ja „keine Arbeitskraft brachliegen zu lassen" (FaW 1938, 5, 115).

In diesem Sinn wurde auch das mit der Gewährung der Ehestandsdarlehen verbundene Arbeitsverbot für Frauen mit Wirkung vom 1. Oktober 1937 aufgehoben. Das Ehepaar musste sich bei Weiterarbeit der Frau lediglich zur Tilgung von monatlich 3 % statt bisher 1 % der Darlehenssumme verpflichten.

Die Aufhebung des Arbeitsverbots war in der Bevölkerung schon seit mehreren Monaten erwartet worden. Erstaunlicherweise trat die Frau am Werk aber noch in ihrer Septemberausgabe diesen ‚Gerüchten' entgegen und betonte, dass es bei der bisherigen Regelung bleiben werde. Auf die rüstungsbedingte Entwicklung am Arbeitsmarkt reagierten die NS-Aktivistinnen widersprüchlich.

Übereinstimmend kritisierten sie, dass Frauen und sogar Mütter verstärkt in typisch männlichen Berufen arbeiten würden. Darunter verstanden die NS-Aktivistinnen in erster Linie körperlich anstrengende Arbeiten, während erweiterte Berufsmöglichkeiten in Büroberufen grundsätzlich begrüßt wurden. Unter dem Aspekt, die Mutterschaftsaufgabe der Frau nicht zu gefährden, wurde die Forderung erhoben, auf lange Sicht Frauen aus anstrengenden und die Gesundheit gefährdenden Berufen herauszunehmen. Solange dies nicht möglich sei, müsse den Frauen ihre Tätigkeit durch beste soziale Betreuung im Betrieb und durch Unterstützung bei der Hausarbeit im Rahmen der Nachbarschaftshilfe und durch Schulungen in rationeller Haushaltsführung soweit wie möglich erleichtert werden (vgl. FaW 1938, 9, 194 und Frauensonderausgabe der NSK 1939, 38, 10).

Der Schutz der Frau im Betrieb, der ihr als Frau und Mutter zustehe, habe immer Vorrang vor jedweder Arbeitsforderung (vgl. FaW 1938, 1, 1).

Unterschiede zeigten sich allerdings in der Beurteilung dessen, was in Zukunft als wesensgemäßes Arbeitsgebiet der Frau zu betrachten und - dementsprechend zu fördern sei. Auf der einen Seite vertraten NS-Aktivistinnen bis in die letzten Kriegstage hinein die Auffassung, dass das weibliche Arbeitsgebiet vornehmlich auf hauswirtschaftlichem und sozialfürsorgerischem Gebiet liege.

Artikel über die Arbeitsweise der Berufsberatungsstellen weisen auch eindeutig darauf hin, dass den Mädchen solche Berufe empfohlen wurden. Dabei wurde neben der Wesensgemäßheit dieser Berufe gelegentlich auch der Aspekt hervorgehoben, dass in diesen Berufen niemals eine Konkurrenzsituation zum männlichen Geschlecht auftreten könne, diese Berufe sinngemäß für Frauen krisensicher seien (vgl. FaW 1937, 3, 460).

Entsprechend der Behauptung, dass als „Stammmutter aller berufstätigen Frauen ... die Hausfrau im ländlichen Haushalt" anzusehen sei (NSFW 1937, 19, 595), wurden auch die Anforderungen an die Teilnehmerinnen des jährlich stattfindenden Reichsberufswettkampfes gestaltet. Neben fachlichem Können, sportlichen Fähigkeiten und nicht zuletzt weltanschaulicher Zuverlässigkeit mussten die Mädchen zusätzlich ihre hausfraulichen Fähigkeiten unter Beweis stellen und Prüfungen im Kochen, Nähen und allgemeiner Hausarbeit ablegen (vgl. FaW 1937, 2, 445).

Neben diesen Bestrebungen, auch den erwerbstätigen Frauen immer wieder ihre eigentliche Rolle als Hausfrau und Mutter in Erinnerung zu bringen, ist aber eindeutig ein Trend zu erkennen, den Begriff der Wesensgemäßheit so zu erweitern, dass der Frau letztlich alle Berufe offen stehen.

Es handelt sich hier offensichtlich nicht um reine Propaganda mit dem Ziel, den Frauen einerseits die wirtschaftlichen Erfordernisse schmackhaft zu machen und andererseits einen Bruch in der Ideologie zu überdecken.

Die Art der Darstellung in den Artikeln lässt vielmehr erkennen, dass zumindest manche Nationalsozialistinnen - in diesem Zusammenhang ist wieder Alice Rilke zu nennen - die wirtschaftliche Entwicklung als eine echte Chance begriffen haben, die weibliche Berufstätigkeit auch in qualifizierten und führenden Positionen endgültig und für alle Zeiten durchzusetzen. Dabei ist die Tatsache, dass diese Auffassungen in verstärktem Umfang publiziert werden konnten, natürlich primär auf die wirtschaftlichen Verhältnisse und nicht etwa auf einen Wandel in der Frauenideologie bei der NSDAP insgesamt zurückzuführen.

Dass die Forderung nach erweiterten Berufschancen für Frauen, der man aus arbeitsmarktpolitischen Gründen letztlich nachgeben musste, in führenden Kreisen der NSDAP auf Unbehagen stieß, zeigt sich unter anderem an der Einstellung der Deutschen Kämpferin im Mai 1937. Auf den ersten Blick erscheint es widersprüchlich, dass eine Zeitschrift, die während der ganzen Zeit ihres Bestehens konsequent für den Ausbau der weiblichen Erwerbstätigkeit eingetreten war, just in dem Moment eingestellt wurde, in dem Frauenerwerbstätigkeit sich aus volkswirtschaftlichen Gründen als unverzichtbar erwies und der Ruf nach weiblicher Erwerbstätigkeit auch in anderen Zeitschriften lauter wurde.

Vermutlich rüttelte die ideologische Verknüpfung von Berufstätigkeit und Emanzipation, die Die Deutsche Kämpferin immer wieder betont hatte, zu Zeiten zunehmender Frauenberufstätigkeit stärker an der Feste männerbündischer Herrschaftsansprüche als zu Zeiten, in denen Frauen auf dem Arbeitsmarkt sowieso keine Chancen hatten. Nun brauchte man die Frauen wieder an der Maschine, aber man wollte sie als billige, flexible und vor allem willige Arbeitsreserve. Frauen hingegen, die sich nicht zuletzt aufgrund ihrer Berufstätigkeit emanzipierten, konnten für jeden durchschnittlichen Nationalsozialisten nur eine Horrorvorstellung sein, die es mit allen Mitteln zu bekämpfen galt (vgl. Kirkpatrick 1935, 120 f, 279).

Die Frau am Werk wirkte insgesamt gemäßigter als Die Deutsche Kämpferin, da sie sich zwar gegen eine „kleinliche Beurteilung" und gegen Versuche, „die Fähigkeit und Leistungskraft [berufstätiger Frauen] fälschlicherweise beschränken zu wollen", zur Wehr setzte (FaW 1937, 4, 505), aber andererseits keine volle berufliche und gesellschaftliche Gleichberechtigung forderte und auch trotz großzügiger Auslegung an der Vorstellung geschlechtsspezifischer Eigenschaften und daraus resultierender Rollenzuschreibungen festhielt.

Die Forderung nach einer Verschärfung der Arbeitsschutzbestimmungen für Frauen wurde ausschließlich damit begründet, dass die Frauen als künftige Mütter in besonderer Weise vor körperlicher Überbeanspruchung zu schützen seien (FaW 1936, 1, 11). In dieser Argumentation kommt wieder einmal deutlich zum Ausdruck, dass die Frau erst durch ihre Mutterfunktion ein wertvolles Mitglied der menschlichen Gesellschaft und damit schutzwürdig wird.

Gelegentlich wurde die Doppelbelastung verheirateter Frauen, auf die nach Dienstschluss ja noch eine zweite Schicht im Haushalt wartete, sogar unter Bezugnahme auf die Leidensfähigkeit des weiblichen Wesens als direkte Bereicherung des Frauenlebens empfunden (vgl. NRF 1944, 6, 82 f).Die permanente Überforderung sei zwar der Gesundheit abträglich, steigere aber dafür das Selbstwertgefühl!

Alice Rilke sah hingegen in der Doppelbelastung der verheirateten berufstätigen Frau durchaus ein schwerwiegendes Problem, das es mit allen Mitteln zu bekämpfen galt.

Die Tatsache, dass erwerbstätige Frauen aufgrund ihrer Überlastung fünf- bis achtmal so oft krank seien wie Hausfrauen, dürfe nicht mehr länger tatenlos hingenommen werden (vgl. FaW 1936, 1, 11 und FaW 1938, 5, 98). Die Forderung nach Anpassung der Frauen- an die Männerlöhne bei gleicher Leistung wurde zum Teil erhoben, um den Einsatz von Frauen bei körperlich anstrengenden Arbeiten für die Unternehmer unattraktiv zu machen. Alice Rilke prangerte in diesem Zusammenhang mehrfach das unsoziale Verhalten von Unternehmern an, die Frauen oftmals für männliche Arbeiten einstellen würden, um Lohn zu sparen, obgleich an die Frauen dieselben schweren Leistungsanforderungen gestellt würden (vgl. FaW 1937, 4, 485 f). Die Forderung nach Lohngleichheit hatte in der Praxis allerdings kaum Erfolg.

Gelegentlich erreichten die NS-Aktivistinnen eine Erweiterung der Schutzbestimmungen. So waren nach der neuen Ziegeleiverordnung, die am 15. August 1937 in Kraft trat, bestimmte schwere und gesundheitsgefährdende Arbeiten wie das Heben schwerer Lasten für Frauen verboten. Die Frau am Werk betonte bei der Kommentierung dieser Verordnung ausdrücklich, dass diejenigen Frauen, die aufgrund des Gesetzes ihren Arbeitsplatz verlieren würden, in andere, geeignetere Arbeitsplätze vermittelt und damit nicht arbeitslos würden (vgl. FaW 1937, 7, 575).

Dass die ,Mutterschaftsaufgabe' der Frau im Zweifelsfall hinter den Erfordernissen der Wirtschaft zurückstehen musste, zeigte sich aber schon ein gutes halbes Jahr später, als die aus gesundheitspolitischen Erwägungen verordneten Einschränkungen der Arbeitserlaubnis für Frauen in diesem Bereich wegen Arbeitskräftemangels zum Teil wieder aufgehoben wurden. Die Frau am Werk forderte allerdings in jedem Einzelfall streng zu prüfen, ob der Unternehmer wirklich keine männlichen Arbeitskräfte finden könne, um zu vermeiden, dass die Frauen wieder wegen des geringeren Lohnniveaus eingestellt wurden (vgl. FaW 1938, 3, 53). Ob diese Überprüfungen tatsächlich im notwendigen Umfang durchgeführt werden konnten, ist fraglich, da die DAF gar nicht über die entsprechenden Möglichkeiten verfügte (vgl. Winkler 1977, 71).

Mit Nachdruck setzte sich das Frauenamt der DAF für eine Erweiterung des Mutterschutzes ein, musste aber oft feststellen, dass schwangere Frauen nicht einmal die Möglichkeiten zur Arbeitsniederlegung vor der

Niederkunft, die das Mutterschutzgesetz von 1927 einräumte, nutzten. Viele Frauen arbeiteten bis zur Geburt, da der mit der Arbeitsniederlegung verbundene Lohnausfall durch das Wochengeld nicht ausgeglichen wurde. Dies änderte sich erst mit der Novellierung des Mutterschutzgesetzes von 1942, in der den Frauen als Wochengeld der volle Grundlohn und nicht mehr wie bisher 75 % zugestanden wurden (vgl. Winkler 1977, 155).

Allgemein muss festgestellt werden, dass die Arbeitszeit- und Arbeitsschutzbestimmungen des Dritten Reiches dem Vergleich mit anderen Industriestaaten durchaus standhalten konnten und in Einzelbereichen sogar an der Spitze des internationalen Standards lagen (vgl. ebda, 67-71). Dass die Arbeitsschutzbestimmungen nicht immer eingehalten wurden, lag in erster Linie an dem mangelnden sozialen Verantwortungsgefühl von Unternehmern, aber auch die Arbeiterinnen selbst unterliefen oft die Schutzvorschriften. In der Frau am Werk wurde dieses Verhalten von Unternehmern und Arbeiterinnen häufig kritisiert, und die Gefolgschaftsmitglieder wurden vielfach ermahnt, die Schutzbestimmungen strikt einzuhalten (vgl. FaW 1938, 9, 207).

Dass der Frauenarbeitsschutz von den Nationalsozialisten ernst genommen wurde, beweisen aber nicht nur die zahlreichen Artikel über dieses Thema in der Frau am Werk, sondern wird auch durch die Tatsache belegt, dass die meisten dieser Gesetze nach 1935 erlassen wurden, also in einer Zeit des bereits wieder wachsenden Arbeitskräftebedarfs. Man muss Winkler Recht geben, dass man bis Kriegsbeginn nicht von einer verstärkten Ausbeutung der arbeitenden Frauen sprechen kann (vgl. Winkler 1977, 81).

## 8.4 Die Entwicklung der Frauenberufstätigkeit im Krieg

Der Ausbruch des Krieges führte nicht zu einem plötzlichen Anschwellen der weiblichen Erwerbstätigkeit, da der zusätzliche Arbeitskräftebedarf in der Rüstungsindustrie und anderen kriegswichtigen Branchen in der Anfangsphase des Krieges hauptsächlich durch eine Umstrukturierung der Gesamtwirtschaft abgedeckt wurde.

Als nicht kriegswichtig geltende Wirtschaftszweige wie die Textilindustrie, das Bekleidungsgewerbe und die Lederindustrie mussten ihre Produktion drosseln, was, da es sich bei den genannten Branchen um typische Frauenindustrien handelte, zur Freisetzung vornehmlich weiblicher

Arbeitskräfte führte. Nach vier- bis sechswöchigen Schnellunterweisungen wurden diese Frauen in der kriegswichtigen Produktion eingesetzt.

Nach Aussage der Frau am Werk konnte aufgrund der Umsetzung weiblicher Arbeitskräfte in kriegswichtige Produktionszweige und durch den Arbeitseinsatz von Freiwilligen auf den zusätzlichen Einsatz von Arbeitskräften aus dem Kreis der bisher nicht berufstätigen Frauen zunächst verzichtet werden (vgl. FaW 1939, 10, 201 und FaW 1939, 11, 214).

Zahlreiche verheiratete Frauen, deren Männer eingezogen waren, schieden sogar aus dem Erwerbsleben aus, da sie als Soldatenfrauen durch die Familienunterstützung zuzüglich der Kinderzulagen teilweise mehr Geld zur Verfügung hatten, als ihnen ihre Arbeit einbrachte. Da der Frau bei Fortführung ihrer Berufstätigkeit ihr Verdienst von der Familienunterstützung abgezogen wurde, entfiel jeglicher wirtschaftlicher Anreiz zur weiteren Erwerbstätigkeit (vgl. Die Frau 1939, 3, 70).

Um die materielle Motivation wieder herzustellen, wurde in einem Erlass vom 1. Juni 1940 zur Berechnung der Höhe der Familienunterstützung die Einkommenshöchstgrenze um das Nettoeinkommen aus dem Verdienst der Soldatenfrau angehoben (vgl. FaW 1940, 7, 53).

Eine positive Veränderung brachte der Krieg für die Rechtsstellung verheirateter Beamtinnen. So wurde die Bestimmung, nach der eine Beamtin mit ihrer Verheiratung zu entlassen sei, ab dem 3. Mai 1940 von einer Muss- in eine Kann-Bestimmung umgewandelt (vgl. Mutterkreuz 1981, 125).

Im weiteren Verlauf des Krieges kam es insbesondere durch die Ausweitung der Rüstungsproduktion und die Einberufung der Männer zu einem stetig wachsenden Bedarf an Arbeitskräften. Um diesen Bedarf zu decken, wurde neben dem Einsatz von Fremdarbeitern und Gefangenen auch die Rückkehr der Frauen in das Arbeitsleben forciert. Schon zu Beginn des Krieges waren wichtige Arbeitsschutzbestimmungen gelockert worden. So konnten die Vorschriften des Gesetzes über die Beschäftigung vor und nach der Niederkunft vom Jahre 1927 und des Gesetzes über Kinderarbeit und Arbeitszeit der Jugendlichen von 1938 für einzelne Betriebe ganz oder teilweise außer Kraft gesetzt werden. Das Nachtarbeitsverbot für Frauen blieb zwar grundsätzlich aufrecht erhalten, aber auch hier waren Ausnahmeregelungen möglich. Die Arbeitszeit konnte auf zehn Stunden erhöht werden (vgl. FaW 1939, 10, 202).

Im Laufe des Krieges wurden immer mehr Frauen in Männerberufen eingesetzt, und die Frau am Werk nutzte diese Tatsache zur wiederholten Feststellung, dass die Arbeitsleistung der Frauen als gleichwertig mit der ihrer männlichen Kollegen zu beurteilen sei (vgl. FaW 1940, 8, 58).

Die bis zu Beginn des Krieges allgemein gültige Auffassung, dass die Frauen mit ihrer Eheschließung in der Regel aus dem Erwerbsleben ausscheiden würden, entsprach zwar schon lange nicht den realen Gegebenheiten, konnte jetzt aber auch nicht mehr in der Propaganda aufrechterhalten werden. So schrieb die Frau am Werk 1940:

> „Glaube doch niemand, dass die Berufsarbeit, die man mit Freude und Erfolg geleistet hat, daran hinderlich sein soll, später eine gute Ehefrau und Mutter zu werden! Das ist eine veraltete und heute bereits lächerlich anmutende Anschauung, die glücklicherweise auch ziemlich verschwunden ist. ... Es sei wieder einmal mit aller Deutlichkeit ausgesprochen, dass die Eheschließung nicht in jedem Fall den endgültigen Abschluss der Berufstätigkeit bedeutet." (FaW 1940, 9, 66).

Auch auf die Mitarbeit von Müttern konnte man während des Krieges nicht verzichten, wobei man sich allerdings nach Aussage der Frau am Werk bemühte, die Arbeitsbedingungen dem Leistungsvermögen der Frau nach Möglichkeit anzupassen (vgl. FaW 1941, 2, 9 f). An die Witwen der Gefallenen ergingen Appelle, berufstätig zu werden. Frauen, die bisher noch keine Berufsausbildung hatten, sollten sich trotz der Kriegsbedingungen nach Möglichkeit einer Ausbildung unterziehen (vgl. FaW 1940, 9, 67).

Die Ausbildungskosten würden sich in jedem Fall rentieren, da die Tendenz der Frauenarbeit in der Industrie allgemein von der Hilfs- zur Facharbeit gehe. Die Gruppe der Hilfsarbeiterinnen zeige die stärkste Abnahme sämtlicher Berufsgruppen (vgl. FaW 1941, 5, 34). Neben der verstärkten Anwerbung von Frauen versuchte die Wirtschaft durch zunehmende Rationalisierung den Arbeitskräftemangel auszugleichen.

Alice Rilke bewertete diese Rationalisierungsmaßnahmen positiv, da dadurch in zunehmendem Maße weibliche Arbeitsplätze geschaffen würden.

> „Bei einem Verfahren gelang es, auf diesem technischen Wege zwei bisher notwendige männliche Facharbeiter durch eine Frau zu ersetzen." (FaW 1941, 5, 34).

Was Rilke hier allerdings ,vergisst' zu erwähnen, ist die Tatsache, dass diese neu geschaffenen Arbeitsplätze deshalb als ,weiblich' galten, weil sie

keinerlei Qualifikation verlangten und sich durch monotone Arbeitsan-
forderungen auszeichneten. Ob derartige Arbeitsplätze als Bereicherung
der Frauenerwerbstätigkeit anzusehen sind, erscheint doch sehr fraglich.

Die zunehmende Nachfrage nach weiblichen Arbeitskräften führte bei
den der Frauenberufstätigkeit aufgeschlossen gegenüberstehenden NS-
Aktivistinnen zu einem erleichterten Aufatmen, da bei realistischer Einschätzung der wirtschaftlichen Lage auf den Arbeitseinsatz der Frauen in
Zukunft nicht mehr zu verzichten war.

> „Man ist richtig froh, dass die Darstellung der Frauenarbeit so im-
> mer mehr zum reinen sachlichen Bericht wird über ein Teilgebiet
> unseres nationalen Arbeitslebens. Die süßlich-sensationelle Repor-
> tage wird seltener, und so wohl wollende Aussprüche, wie die er-
> staunte Feststellung, ‚dass die Fähigkeit der Frau zu sachlicher
> Leistung und zur Kameradschaft eine mit Überraschung festzustel-
> lende Tatsache geworden sei', komme nur noch von solchen, bei
> denen der Groschen erst spät fällt." (FaW 1941, 5, 34).

Auf den Einsatz von Mädchen und Frauen in bisher nicht als typisch
weiblichen Berufen könne auch nach der siegreichen Beendigung des
Krieges nicht verzichtet werden. Rilke hebt hervor, dass dies zum Teil
„aus fachlichen Gründen geradezu wünschenswert" sei (Nationalsozialistische Monatshefte 1942, 143/144, 130 f). Auch die Berufsausbildung der
Mädchen werde in kurzer Zeit genauso selbstverständlich geworden sein
wie die der Söhne (vgl. ebda).

Die Freude über die erweiterten beruflichen Chancen konnte allerdings
nicht darüber hinwegtäuschen, dass die berufstätigen Frauen in aller Regel in unzumutbarer Weise überlastet waren. Zehnstundenschichten waren selbstverständlich, das Nachtarbeitsverbot für Frauen war teilweise
aufgehoben. Dazu kamen kriegsbedingte Erschwernisse in der Haushaltsführung und Kinderbetreuung (vgl. NRF 1942, 8, 119 f). Diese Doppelbelastung führte zu Arbeitsausfällen, da viele Frauen vor Erschöpfung
oder um ihren Haushalt wenigstens ansatzweise in Ordnung halten zu
können, oftmals einen Tag ‚blau' machten (vgl. FaW 1940, 4, 25 f).

Die Fehlzeiten nahmen ein solches Ausmaß an, dass sie das reibungs-
lose Funktionieren infrage stellten. Wie dringlich die Lösung dieses
Problems war, zeigt die folgende Empfehlung des Reichstreuhänders für
das Gaugebiet Magdeburg-Anhalt:

> „Den verheirateten Frauen soll zur Erledigung ihrer Hausarbeit
> nach Möglichkeit alle 14 Tage ein freier Tag gewährt werden und
> alle vier Wochen soll dieser freie Tag vom Betrieb bezahlt werden,
> sofern die Frau in den vergangenen vier Wochen keine so genannte
> Bummelschicht gemacht hat." (ebda, 26).

Offensichtlich war der wegen Überlastung erfolgende Arbeitsausfall so
groß, dass ihm mit moralischen Appellen an die Pflichten und Aufgaben
der Heimatfront allein nicht mehr begegnet werden konnte.

In den Zeitschriften finden sich neben den permanent wiederholten
Durchhalteparolen (vgl. NRF 1939, 10, 417 und NRF 1943, 1, 2) auch
zunehmend Artikel, die in ihren inhaltlichen Aussagen geradezu an die
Grundfesten nationalsozialistischen Gedankengutes rührten. Bemerkenswert ist in diesem Zusammenhang ein Artikel in der Frau am Werk,
in dem eine ‚werktätige Hausfrau' ihren Arbeitsalltag schildert, der durch
Schichtdienst in einem chemischen Großbetrieb und die Haushaltsführung so ausgefüllt ist, dass ihr, wie sich durch leichtes Nachrechnen ergibt, nicht mehr als sechs Stunden pro Nacht zum Schlafen verbleiben. In
dem Aufsatz wird die erhebliche Überbelastung zwar nicht verschwiegen,
aber propagandistisch doch so aufbereitet, dass der Leser den Eindruck
gewinnen muss, bei Optimismus, guter Laune und etwas Organisations-
talent sei die Bewältigung der vielfältigen Aufgaben letztlich doch fast
spielend zu schaffen.

Wie sehr das Sein das Bewusstsein oder doch zumindest die Propaganda bestimmt, wird an dem Passus über Kindererziehung deutlich. Nur
ein paar Jahre zurück galt die Frauenerwerbstätigkeit und Mutterschaft
als nahezu unvereinbar; die Frau sollte der Familie zurückgegeben werden und sich zum Wohle des Volkes ausschließlich um den Haushalt und
die Erziehung möglichst vieler Kinder bekümmern. Wie die folgenden Zitate zeigen, können sich auch elementare Grundsätze einer Ideologie unter Kriegsbedingungen geradezu in ihr Gegenteil verwandeln:

> „Nun werden vielleicht manche sagen: Ja, den Haushalt kann man
> wohl in Ordnung halten, wenn man arbeitet. Aber die Kinder kann
> man doch nicht erziehen? Doch, unsere Kinder können wir, wenn
> sie zur Zeit unserer Abwesenheit in anständiger Obhut sind, ganz
> und vollkommen zu rechten und tüchtigen Menschen erziehen. Ich
> hatte mein jüngstes Kind bis zum sechsten Jahre in jeder Stunde
> um mich gehabt. Denn bis dahin war ich nur Haus- und Siedler-
> lersfrau. ... Mein Junge war ein wenig schüchtern, und wenn ich an
> die belebten Straßen dachte, hatte ich Angst um ihn. Heute, nach
> einem reichlichen Jahr, staune ich über mein selbstständiges, reso-

lutes Kind, das mir jeden Weg besorgt, gewissenhaft das Haus abschließt und mir in fleißiger, umsichtiger Weise im Haushalt nicht die Arbeit erschwert, sondern mir noch dabei hilft. Ich habe als Arbeiterin mehr Freude an ihm, als damals, als ich nur für ihn da war. ... Es ist wirklich kein Unterschied zwischen unserem Haushalt und anderen, in denen die Frau den ganzen Tag zu Hause ist." (FaW 1940, 8, 57 f).

In die gleiche Richtung zielt Alice Rilke mit ihrer Forderung, dass in Zukunft bei den Frauen die Bereitschaft vorauszusetzen sei, „bislang als zentral angesehene weibliche Aufgaben auf einen kürzeren Zeitraum des Tages zusammenzudrängen, wie es ja die Fabrikarbeiterin schon immer tat." (FaW 1941, 5, 34).

Abschließend bleibt zu erwähnen, dass der Arbeitskräftebedarf der Industrie den Interessen derjenigen NS-Aktivistinnen entgegenkam, welche die Erwerbstätigkeit von Frauen grundsätzlich bejahten und die eine Beschränkung der Arbeitsgebiete nur für diejenigen Bereiche forderten, die die Mutterschaftsfunktion der Frauen gefährdeten, worunter sie vor allem körperliche Schwerarbeit verstanden.

Unter den Kriegsbedingungen änderte sich die Situation dahingehend, dass die Frauen zwar einerseits verstärkt in qualifizierten Berufen beschäftigt wurden, was von den NS-Aktivistinnen durchgehend positiv kommentiert wurde; andererseits war aber nicht zu verkennen, dass auch die körperliche Schwerarbeit für Frauen stetig zunahm. Ganz ideologiewidrig war der verstärkte Arbeitseinsatz von Müttern, der im Gegensatz zur grundsätzlich positiven Bewertung der Frauenerwerbstätigkeit auch immer nur als möglichst schnell zu überwindende Übergangsmaßnahme dargestellt wurde. Dass die bevölkerungspolitischen Grundsätze aber auch im Krieg nicht völlig den wirtschaftlichen Erfordernissen geopfert wurden, beweist die Novellierung des Mutterschutzgesetzes von 1942.

In den letzten Kriegsjahren lässt sich im Schrifttum die reine Propaganda nur noch schwer trennen von wirklichen Überzeugungen.

Wenn beispielsweise der Nachrichtendienst in seiner Juniausgabe von 1944 die weibliche Berufstätigkeit als „beglückende Ergänzung" und „Erhöhung des eigenen Wertgefühls" bezeichnet, so scheint dies doch eher aus einer Endzeitstimmung als aus einem positiven Verständnis von der weiblichen Berufstätigkeit geboren zu sein, da gerade der Nachrichtendienst als Organ der NS-Frauenschaft die Fixierung der Frauenrolle auf Mutterschaft und Hausfrauentätigkeit immer betont hatte und sich häufig für eine Beschneidung der weiblichen Erwerbstätigkeit ausgesprochen hatte, sobald dies die wirtschaftlichen Gegebenheiten ermöglichen würden (vgl. NRF 1941, 19, 282).

# 9 Die Verdrängung der Frauen von den Hochschulen

Die nationalsozialistische Hochschulpolitik zielte eindeutig auf eine Verdrängung der Frauen von der Universität. Dabei trat neben den Aspekt der Ausschaltung weiblicher Konkurrenz eine tief verwurzelte Intellektuellenfeindlichkeit, die zwar auch geschlechtsunabhängig bestand, in der konkreten Politik jedoch vor allem gegen Frauen wirksam wurde.

In einem im Dezember 1933 herausgegebenen Erlass wurde die Zahl der Studentinnen auf anteilsmäßig 10 % aller Studierenden begrenzt. Dieser geschlechtsspezifische Numerus Clausus wurde noch dadurch verschärft, dass die Gesamtzahl aller Studienanfänger auf jährlich 15 000 beschränkt wurde. Die praktisch auf Null reduzierten Einstellungsmöglichkeiten für Akademikerinnen taten ein Übriges, um die Studentinnenzahlen drastisch sinken zu lassen.

So verließen im Wintersemester 1933/34 fast viereinhalb mal so viele Studentinnen die Universitäten wie an Neuimmatrikulationen zu verzeichnen war. Die zunehmende Benachteiligung von Frauen bei der Vergabe von Stipendien führte dazu, dass besonders viele aus der Unterschicht stammende Studentinnen ihr Studium abbrechen mussten. So betrug 1941 der Anteil der Arbeitertöchter an allen Studentinnen 0,31 %.

Die auf den Hochschulen verbleibenden Frauen wurden dazu gedrängt, dem weiblichen Wesen gemäße Fächer zu studieren. Das führte zu einer drastischen Beschränkung des Frauenstudiums auf wenige Fächer. So studierten im Sommersemester 1938 55,2 % aller Studentinnen ein medizinisches Fach, im Sommersemester 1928 waren es vergleichsweise nur 19,1 %. Ein naturwissenschaftliches Fach- wählten im Sommersemester 1938 nur noch 7,6 % aller Studentinnen im Vergleich zum Sommersemester 1928. Der sowieso geringe Anteil der Jurastudentinnen von 6 % im Jahr 1928 sank infolge des weitgehenden Berufsverbotes für Juristinnen auf unbedeutende 0,6 % im Sommersemester 1938. Dass diese Art der Studienlenkung mittelbar auch eine Lenkung des späteren Berufseinsatzes zu typischen Frauenberufen hin zur Folge haben werde, wurde im Schrifttum offen zugegeben.

Aus Sicht der NS-Aktivistinnen ergab sich aus dieser geschlechtsspezifischen Berufsbeschränkung der große Vorteil, dass sie die Möglichkeit einer Konkurrenz zwischen männlichem und weiblichem Berufseinsatz bei ungünstigen Konjunkturverhältnissen verhinderte (vgl. ANSt-Gruppe 1939, 5, 48).

Innerhalb ihrer Fächer sollten die Frauen vordringlich frauenspezifische Themen bearbeiten. Dabei wurde im Schrifttum gelegentlich der Eindruck zu erwecken gesucht, als ob die überproportionale Beschäftigung mit Frauenthemen dem ureigensten Wunsch der Studentinnen entsprechen würde, dem sich die nationalsozialistische Erziehungsarbeit lediglich anpasse.

So beweise die Themenwahl der Studentinnen beim Reichsberufswettkampf, an dem die Studenten seit 1935 teilnahmen, dass die geistig arbeitende Frau sich den Fragen der Frau besonders nahe fühle. Allein aus dieser Tatsache rechtfertige sich der bewusste Einsatz der Frau auf diesen Gebieten (vgl. Deutsches Frauenschaffen 1937, 85).

Diese Art der Darstellung ist allerdings eine krasse Verdrehung der Tatsachen. Die studentischen Arbeitsgruppen durften ihre Themen nämlich nicht frei wählen, sondern konnten lediglich Vorschläge unterbreiten. Studentinnengruppen hatten dabei nur eine Chance mit Frauenthemen, die einen Bezug zur „völkischen Gegenwart" herstellten. Bei der Bearbeitung schließlich trug der ‚Mannschaftsführer' jeder Gruppe die Verantwortung für die einheitliche geistige und weltanschauliche Ausrichtung der Arbeit (vgl. Deutsches Frauenschaffen 1939, 101).

Die Wissenschaftsarbeit der Studentinnen wurde kontinuierlich reduziert zugunsten des so genannten ‚sozialistischen Einsatzes'. Studentinnen arbeiteten unentgeltlich in den Fabriken, um Arbeiterinnen einen Urlaub zu ermöglichen. Im Rahmen der NSV arbeiteten sie in Kindergärten, Nähstuben und Beratungsstellen mit, halfen bei der Familienbetreuung und beteiligten sich an Sammlungen für das Winterhilfswerk. Im Landdienst wurden sie zur Erntehilfe und zur Entlastung der Bäuerin im Haushalt und bei der Kindererziehung eingesetzt (vgl. Deutsches Frauenschaffen 1939, 105-108). Anfang 1937 wurde auf Anordnung des Reichserziehungsministers die seit 1934 bestehende Arbeitsdienstpflicht für Studentinnen von einem halben Jahr auf ein Jahr erhöht.

Wenn die Studentin sich nicht gerade im ‚sozialistischen Einsatz' befand, wurde ihre Zeit ausgefüllt mit weltanschaulichen Schulungen durch die ANSt bzw. mit Übungen im Luftschutz, Erster Hilfe und im Nachrichtenwesen. Diese Übungen sollten „sie im Ernstfalle befähigen ..., ihre Wehrpflicht gegenüber dem deutschen Volke zu erfüllen" (Deutsches Frauenschaffen 1937, 87).

Welch geringen Stellenwert die wissenschaftliche Arbeit genoss, lässt sich schon rein quantitativ an der Art der Berichterstattung erkennen.

Das ‚Deutsche Frauenschaffen' von 1937 widmete dem Thema „Aufgabe und Ziele der Studentinnenarbeit" volle acht Seiten. Davon befasste sich aber nur eine knappe Seite mit der Wissenschaftsarbeit. Die anderen Seiten behandelten den sozialistischen Einsatz der Studentin bzw. die ideologische Schulung durch die ANSt. Die Verdrängung der Frauen von den Hochschulen wurde übrigens von den männlichen Kommilitonen in der überwiegenden Mehrzahl begrüßt und nach Kräften unterstützt (vgl. Mutterkreuz 1981, 144).

Angesichts solcher Tatsachen, die einen klaren Bildungsabbau für Frauen bedeuteten und der Einschränkung der weiblichen Berufsmöglichkeiten in attraktiven Berufen dienten, ist natürlich von Interesse, wie sich die NS-Aktivistinnen und besonders die dem Nationalsozialismus anhängenden Studentinnen zu der Hochschulpolitik des Dritten Reiches stellten.

## 9.1 Das Frauenstudium in der Wahrnehmung von Lydia Gottschewski und Guida Diehl

Lydia Gottschewski und Guida Diehl nahmen in ihren propagandistischen Schriften zum Frauenstudium eine eindeutig negative Haltung ein.

Laut Gottschewski sind den Frauen im Zeitalter des Liberalismus „geistige Bedürfnisse aufgenötigt" worden, die dem weiblichen Wesen nicht gemäß seien und die die „gesunde Rangordnung" in der Gesellschaft in Frage stellten (Gottschewski 1934, 21). Besonders verhängnisvoll habe sich die immer stärker werdende „Überschulung" der Frau durch die einseitige Orientierung an männlichen Lehrplänen ausgewirkt (vgl. ebda).

Die Betonung intellektueller Fähigkeiten habe den Verlust der Beziehung zu dem „Sinngrund" des Lebens zur Folge und „vergift(e) die Seele der Frau" (ebda, 22). Dieses „Entartungsgebilde des geistigen Lebens" führe in letzter Konsequenz zu einer Entfremdung der Frau von ihrer Mutterschaftsaufgabe, da sie vielfach eine Einstellung zum Leben gewonnen habe, die es ihr „unmöglich mach(e), die Pflichten der Mutterschaft mit der gleichen freudigen Selbstverständlichkeit auf sich zu nehmen wie in früheren Jahrzehnten und Jahrhunderten" (ebda, 23).

Nach Gottschewski dürfen Frauen überhaupt nur noch studieren, wenn die „Gefahr der Intellektualisierung" durch den „Glauben" überwunden werde (ebda, 22).

„Eine Wissenschaft, deren Hintergrund die Ewige Wahrheit ist, wird für diejenigen ‚berufenen' Frauen eine heute nur zu ahnende Bereicherung und Vertiefung ihres Seins bedeuten. Aber - nur für die wenigen...“ (ebda).

Neben diesen ‚Argumenten' sorgt sich Guida Diehl besonders um die sittliche Reinheit und Unversehrtheit der Studentinnen, die sie durch die Freizügigkeit, die das Studentenleben biete, aufs Äußerste gefährdet sieht. Ihrer Auffassung nach soll der nationalsozialistische Staat der drohenden Sittenlosigkeit an den Universitäten wie folgt begegnen:

„Für die Hochschule selbst müssen wir eine Vermehrung der Studentinnenheime und der familienhaften Aufnahme von Studentinnen fordern. Es ist von größter Wichtigkeit für das Frauentum, dass die Budenhaftigkeit und die blöde Nachahmung des männlichen Studentenlebens aufhören. ... Die Studentinnenschaft müsste deshalb an jeder Hochschule zwangsmäßig eine Art von Erziehungsgemeinschaft bilden, sie müsste einen klaren, hochgesinnten weiblichen Sittenkodex aufstellen und diejenigen ächten, die sich ihm nicht unterwerfen. Wenn es der Studentin in der neuen freien Kameradschaftlichkeit nicht gelingt, die Hoheit, diese Priesterschaft der Reinheit, diese unantastbare Weiblichkeit zu bewahren und dadurch dem jungen Manne die Ehrfurcht abzunötigen, die er nun einmal vor der Frau haben muss, dann dient das Studium nicht dem Aufstieg nicht nur durch seine Verschiebung des Frauengeistes auf eine falsche Linie, sondern auch durch seine schädlichen Einflüsse auf den Verkehr der Geschlechter.“ (Diehl 1933, 101 f).

## 9.2 Die Arbeitsgemeinschaft Nationalsozialistischer Studentinnen

Die nationalsozialistischen Studentinnen waren in der 1930 auf Veranlassung des Reichsstudentenbundführers Baldur von Schirach gegründeten Arbeitsgemeinschaft Nationalsozialistischer Studentinnen (ANSt) organisiert.

Diese den Studentinnen von Schirach aufoktroyierte Organisationsform wurde zunächst von den NS-Studentinnen nur widerwillig akzeptiert, da sie de facto den Ausschluss der Frauen aus dem NSDStB bedeutete mit dem Ziel, den weiblichen Einfluss auf die Hochschulpolitik einzuschränken, wenn nicht gar auszuschalten. Den NS-Studentinnen wurde strengste politische Enthaltung abverlangt, für AStA-Sitze durften sie ab 1930 nicht mehr kandidieren. Nationalsozialistinnen, die AStA-Sitze innehatten, wurden aufgefordert, zugunsten eines männlichen Kommilitonen zurückzutreten.

In der ANSt sollten sich die Studentinnen zu „bewusstem deutschem Frauentum" erziehen und „gesondert die Themen behandel(n), wofür der Mann, als vorwiegend politisches Wesen, nicht das Interesse und die Zeit hat" (Schirach 1930, zit. in Mutterkreuz 1981, 132).

Der männliche Einfluss auf die Arbeit der Studentinnen wurde aber weiterhin gewahrt. Die ANSt musste in „engster Fühlung" mit dem NSDStB zusammenarbeiten, und die Reichsleiterin war Schirach jederzeit zur Rechenschaft verpflichtet (vgl. Mutterkreuz 1981, 134). 1932 erhielten die NSDStB-Kreisleiter das Recht, die ANSt-Kreisleiterinnen ein- und abzusetzen. Die Hochschulgruppenführerinnen wurden zwar von der Reichsleiterin eingesetzt, in ihrer praktischen Arbeit waren sie aber von dem Hochschulgruppenleiter ihrer Universität abhängig, der ihnen gegenüber weisungsbefugt war (vgl. ebda, 139). Im Januar 1934 wurde die ANSt ihrer letzten Selbstständigkeit beraubt und als Unterorganisation in den NSDStB eingegliedert (vgl. ebda, 151).

Aus dem Schriftverkehr der ANSt geht hervor, dass die Zusammenarbeit mit dem NSDStB überwiegend kritisch bewertet wurde (vgl. ebda). Proteste gegen willkürliche Unterdrückungsmaßnahmen von Seiten des NSDStB nützten allerdings wenig, da die ANSt über keinerlei Mittel verfügte, ihre Interessen durchzusetzen. Konflikte wurden immer zugunsten des NSDStB entschieden (vgl. ebda, 139).

In den mir vorliegenden Schulungsunterlagen der ANSt kommen die Kompetenzstreitigkeiten zwischen ANSt und NSDStB kaum zum Ausdruck. Dies liegt zum einen an der starken Zensur, mit der der NSDStB den internen und öffentlichen Schriftverkehr der NS-Studentinnen kontrollierte (vgl. ebda, 151). Zum anderen fanden die Auseinandersetzungen zwischen beiden Gruppierungen vor allem in den Jahren von 1930 bis etwa 1934 statt, während die mir vorliegenden Unterlagen aus den Jahren 1938 und 1939 stammen.

Bei der Bewertung der von der ANSt getroffenen Aussagen ist, wie bei den anderen Frauenorganisationen, zwischen Führerinnen und einfachen Mitgliedern zu unterscheiden. Die Gleichsetzung von ANSt-Mitgliedschaft und nationalsozialistischer Gesinnung ist mit einiger Sicherheit nur bis zum Jahr 1933 zu unterstellen. Bis zu diesem Zeitpunkt hatten sich aber lediglich 4,1 % aller Studentinnen in der ANSt organisiert (vgl. ebda, 323). Da die ANSt-Mitgliedschaft bis 1933 keinerlei wirtschaftliche Vorteile mit sich brachte, kann die Entscheidung einer Studentin, dieser NS-Organisation beizutreten, als in erster Linie ideologisch motiviert betrachtet werden.

In den folgenden Jahren sind die Gründe, der ANSt beizutreten, aber sicher überwiegend pragmatischer Natur. Das Frauenstudium war mittlerweile derart in Bedrängnis, und der Druck auf die Studentinnen auch innerhalb der Universität so stark, dass ein Beitritt zur ANSt opportun erschien, um unter dem ‚Schutz‘ dieser nationalsozialistischen Organisation das Studium überhaupt ordnungsgemäß absolvieren und mit dem Examen abschließen zu können. Zudem erwarben BDM-Mitglieder, die bevorzugt zum Studium zugelassen wurden, automatisch die Mitgliedschaft der ANSt, was das zahlenmäßige Anschwellen dieser Organisation besonders nach 1936 einleuchtend erklärt (vgl. die Entwicklung der Mitgliederzahlen des BDM bei Klaus 1980, 68 f). Nach Angaben von Stephenson waren 1936 65 % und 1937 75 % aller Studentinnen in der ANSt organisiert (Stephenson 1975, 142).

Bei den Leiterinnen der ANSt sind Zweifel an ihrer nationalsozialistischen Gesinnung allerdings nicht angebracht. Die NS-Organisationen achteten schon selbst darauf, dass ihre Führer und Führerinnen ideologisch einwandfrei waren.

Anlässlich des Deutschen Studententages äußerte sich die Reichs-ANSt-Referentin Dr. Anna Kottenhoff über die Aufgaben und Tätigkeitsbereiche der ANSt. Die in dieser Rede vertretenen Auffassungen können dabei als repräsentativ für die öffentlichen Äußerungen der ANSt angesehen werden.

Kottenhoff betont, dass sich die ANSt niemals als weibliche Interessenvertretung verstanden habe, sondern gerade in den Anfängen als erste Aufgabe die Eroberung der Hochschule für die nationalsozialistische Bewegung angesehen habe (vgl. Deutsches Frauenschaffen 1937, 81).

> „Es galt hier in erster Linie, mitzuhelfen bei der Eroberung der
> Hochschule für die Bewegung durch die Erziehung der Menschen

an der Hochschule zu Nationalsozialisten." (ANSt-Gruppe 1939, 5, 46).

Die deutsche Studentin müsse lernen, geschichtlich zu denken und dementsprechend politisch zu handeln.

> „Wir erwarten deshalb von einer deutschen Studentin ..., dass sie den Mut aufbringt, sich mit der geistigen und konfessionellen Überlieferung auseinander zu setzen. ... Niemand (kann) einen Angriff auf die geistige Entscheidungsfreiheit darin sehen, dass wir unsere Studentinnen zu jenen Fragen hinführen, die sich vom Blickpunkt einer weltanschaulichen Wende her für uns deutsche Menschen ergeben haben. Wer allerdings nicht den Mut hat, seine innerliche Sicherheit für eine Zeit lang einmal preiszugeben, der gehört im Grunde nicht zu uns." (ebda, 52).

Neben dem Aufbau der weltanschaulichen Schulung habe man vor allen Dingen „die gewohnte Vorstellung von der Studentin als einem in exklusiver Geistigkeit lebenden Menschen" zerstören wollen (ebda, 46). Diesem Zweck habe die Einrichtung des Fabrik- und Landdienstes sowie die Mitarbeit der Studentinnen bei der NSV gedient.

In diesem Zusammenhang erwähnt Kottenhoff die gerade unter der nationalsozialistischen Regierung erfolgten Angriffe auf das Frauenstudium - und rechtfertigt sie damit, dass die Studentinnen an dieser Entwicklung zumindest zum Teil selbst schuld seien!

Das Frauenstudium sei besonders in der Nachkriegszeit „belastet worden zum einen mit jenem Typ der Studentin, für die das Studium innerhalb ihres Daseins als höhere Tochter eine neuartige und reizvolle Gelegenheit bot, die Pensionsjahre abzulösen - zum anderen mit jüdischen Studentinnen, denen das Studium die Möglichkeit gab, rassefremdes undeutsches Gedankengut unter dem Deckmantel wissenschaftlicher Erkenntnis in das Denken der deutschen Frau einzuführen, wobei alle die durch sie verkündeten Thesen und Prinzipien auf die Zerstörung der für uns feststehenden Begriffe von Liebe, Ehe und Familie unter anderem planmäßig hinzielten." (ebda, 44)

Zwar habe keiner dieser beiden Typen das Frauenstudium jemals bestimmt. Aber diese Studentinnen hätten es verstanden, - unterstützt von einer jüdischen Presse - an der Hochschule aufzufallen und sich dem Bewusstsein der Öffentlichkeit als „der Typ der Studentin" abschreckend einzuprägen. Vor diesem Hintergrund sei es verständlich, dass die Frage des Frauenstudiums nach der Machtergreifung besonders intensiv und kontrovers diskutiert worden sei.

In Abgrenzung von der Hochschulpolitik der NSDAP bezeichnet Kottenhoff allerdings Maßnahmen wie die Kontingentierung der Zulassung von Frauen zur Hochschule und die Beschränkung der Studiengebiete für Frauen als „geradezu kuriose Vorschläge" (ebda, 45). Diese weltanschaulich bedingte Frage könne nicht formal, sondern nur im Rahmen der weiblichen Erziehung beantwortet werden. Die Lösung dieser Probleme sei dabei im Wesentlichen der Frau selbst und vor allem der Frau an der Hochschule zu überlassen (vgl. ebda). Die nationalsozialistische Studentin habe sehr bald erkannt, dass es für die Zukunft des Frauenstudiums von entscheidender Bedeutung sei, der Öffentlichkeit eine neue, positive Vorstellung von der deutschen Studentin zu vermitteln (vgl. Nationalsozialistische Monatshefte 1942, 143/144, 136).

> „Sie hat ... immer wieder versucht, die Öffentlichkeit darauf hinzuweisen, dass die deutsche Studentin in erster Linie als deutsche Frau geachtet werden will und deshalb jede geistige und persönliche Extravaganz ablehnt." (ebda, 137).

Die ANSt strebte in ihrer Erziehungsarbeit keine Wissensvermittlung, sondern eine umfassende Charakter- und Persönlichkeitsbildung an (vgl. ANSt-Gruppe 1939, 5, 50). Dieser Gesichtspunkt wird im Schrifttum immer wieder betont und unter anderem damit begründet, dass auch die Akademikerin nur vorübergehend berufstätig sei und ihren endgültigen Tätigkeitsbereich in Ehe und Familie finde.

> „Wenn wir schon erwarten, dass sich die deutsche Studentin in Studium und Beruf bewährt, so erwarten wir vielmehr noch diese Bewährung in Ehe und Familie als ihrem endgültigen Tätigkeitsbereich. Jede begabte Frau hat sowohl die Möglichkeit wie auch die Verpflichtung, Ehe und Familie mit ihrer geistigen und seelischen Kraft zu erfüllen." (ebda, 49).

## 9.3 ‚Frau und Wort' - ein Beispiel für die Schulungsarbeit der ANSt

Im Folgenden soll das inhaltliche und intellektuelle Niveau der ANSt-Schulungen an einem Beispiel verdeutlicht werden. In der ‚ANSt-Gruppe', dem Schulungsblatt der ANSt, erläutert die im Dritten Reich hoch geschätzte Lyrikerin Ina Seidel ihre Vorstellungen vom weiblichen Wesen anhand des Themas ‚Frau und Wort':

„Die Menschheit stammelt den Mutternamen und spricht damit das ‚Unser täglich Brot gib uns heute!' ... Und wäre auch diese Annahme eines Mutter-Urwortes völlig in den Bereich der mythischen Vorstellung zu verweisen, so meine ich doch, dass eines daraus gefolgert werden kann, nämlich dass im beginnenden Zwiegespräch der Menschheit die Frau die Angerufene, die Angeredete war, und dass es von jeher ihr Teil und ihr Anrecht gewesen ist, Antwort geben zu dürfen, Antwort zunächst einfach durch Erfüllen und Stillen und Tun, und allmählich auch durch die entgegnende Rede." (ANSt-Gruppe 1939, 4, 1) .

„Antwort, nehmen wir also an, sei das innerste Wesen der fraulichen Rede, und folgerichtig müssen wir annehmen, dass die der Frau angeborene natürliche Haltung die des Lauschens, des Zuhören-Könnens ist. Dies entspricht im weitesten Sinne der Bereitschaft zur Hingabe, ..." (ebda, 3)

„Wenn wir auch nicht in den einseitigen Irrtum verfallen wollen, dass im Geistigen solch fruchtbarer Austausch einzig zwischen Mann und Frau möglich wäre, so ist doch in jedem Gespräch der zuhörende Teilnehmer der erschlossene und empfängliche, ..., und jene Tagebuchaufzeichnung eines Dichters, die besagt, Gespräche könnte man nur mit schweigsamen Menschen führen, übersteigert diese Erkenntnis nur wenig." (ebda, 4).

In diesem Artikel geht es nur vordergründig um die Beziehung zwischen ‚Frau und Wort'. Die Analyse der angeblichen Kommunikationsstruktur zwischen den Geschlechtern zielt vielmehr ab auf die Untermauerung der nationalsozialistischen Auffassung von der Wesensverschiedenheit der Geschlechter und der damit verbundenen unterschiedlichen Rollenzuweisung innerhalb der Gesellschaft. In ihrer Radikalität gehört Seidel dabei zu den extremsten Verfechterinnen eines komplementären Menschenbildes. Alle Eigenschaften und Verhaltensweisen, die sich mit den Begriffen Aktivität und Kreativität in Verbindung bringen lassen, sind dem Mann vorbehalten, während das Wesen der Frau sich durch Passivität und Hingabe auszeichnet.

Im sprachlich kommunikativen Bereich ist dem Mann die aktive Rede vorbehalten, während die Frau ihrem ‚Wesen' entsprechend zuhört, aufnimmt und antwortet. Seidel erwähnt, dass es in der Geschichte Gesellschaften gegeben habe mit einer gegenteiligen geschlechtsspezifischen Rollenzuweisung, ignoriert aber diesen ihrer Grundaussage entgegenstehenden Einwand und ergeht sich in Fantasien über die mangelnde geistige Begabung und fehlende Kreativität des weiblichen Geschlechtes.

> „Es kann hier nicht unternommen werden, zu ergründen, wie es geschah, dass im mutterrechtlichen Zeitalter der Menschheitsgeschichte dies Verhältnis anscheinend umgekehrt war. Nur die Vermutung sei ausgesprochen, dass es wohl eben nur dem Anschein nach so war, und dass damals nicht das zeugende Wort und die zündende Tat auf die Frau übergegangen waren, sondern dass vielmehr die Entwicklung der Menschheit sich jahrhundertelang im Zuständlichen, im Tun des Hergebrachten, im gehorsamen Antworten auf einen aus dem vorausgegangenen Äon empfangenen, tief wirksamen schöpferischen Anruf und Auftrag vollzog.“
> (ebda, 2).

> „Die mutterrechtlichen - die weiblichen Zeitalter - sind die großen ‚schöpferischen Pausen‘ des Weltgeschehens.“ (ebda, 3).

Des Weiteren schreibt Seidel der Frau Unlogik im Denken zu, um diese Unfähigkeit dann gleich zu einer besonderen ‚Gnade‘ hochzustilisieren. Aus „frühester dämmernder Vorzeit“ besäßen die Frauen die „ehrwürdige Gabe der Weissagung“, eine Eigenschaft, die nach Seidel eng mit „Unlogik und Sprunghaftigkeit“ im Denken verknüpft ist (ebda, 5).

> „Aus der Intuition, aus dem Erfühlen und Einfühlen, das mit der Hingabefähigkeit, dem Ausschaltenkönnen der eigenen Person zusammenhängt, gelangt die Frau nicht nur zum schnellen Erfassen der Lage, in der der andere sich befindet, und zu ihrer Durchdringung und Deutung, sondern diese Erschlossenheit kann sich auch bis zur seherischen Schau der großen Zusammenhänge von Vergangenheit, Gegenwart und Zukunft steigern und die wahrsagende Antwort auf die Frage der Gegenwart hervorbringen.“ (ebda).

Dieser Artikel, der sich durch inhaltliche Substanzlosigkeit, Unlogik in der Argumentation, verbunden mit einem schwülstigen Sprachstil, auszeichnet, kann als durchaus typisch für die ANSt-Schulungen bezeichnet werden. Er gewinnt zusätzliche Bedeutung durch die Tatsache, dass er von einer Dichterin verfasst wurde, die im Dritten Reich sehr populär war.

## 9.4 Die Entwicklung des Frauenstudiums im Krieg

Der Krieg schließlich erzwang allen ideologischen Einwänden zum Trotz eine Lockerung der restriktiven Hochschulpolitik gegenüber Frauen.

Akademikerinnen waren auf einmal wieder gefragt. So stellt die ‚Frau am Werk' nüchtern fest:

> „Jetzt haben wir Krieg und wir brauchen sobald als irgend möglich die männliche Spezialkräfte ersetzende und auch die gestaltende Mitarbeit dieser akademisch vorgebildeten Frauen im Dienste der Gesamtheit. Aber die Aufgaben begrenzen sich nicht mit dem Ende des Krieges, sie werden - gesteigert - noch sehr viel weiter reichen in die künftige Arbeitsplanung des Friedens." (FaW 1940, 4, 27).

Die Frauen sollten aber nicht nur männliche Kräfte ersetzen. Auch die nationalsozialistischen Frauenorganisationen meldeten einen steigenden Bedarf an akademisch gebildeten Mitarbeiterinnen an. 1939 erschien in der Frauenwarte eine Serie, in der verschiedene Studiengänge und die späteren beruflichen Einsatzmöglichkeiten für Frauen geschildert wurden. In einer Folge wurde den Frauen sogar wieder zur Aufnahme des Jurastudiums geraten. Die ANSt-Reichsreferentin Dr. Anna Kottenhoff, selbst Juristin, bedauert in dem Artikel ausdrücklich, dass die Zahl der Neuimmatrikulationen für dieses Fach gleich Null sei und schreibt:

> „Aber wir wissen, dass die Ansicht, ein Mädel eigne sich nicht zum Rechtsstudium, von jenen Vorstellungen her ihren Ausgang nimmt, welche Wesen und Ziel des Rechtsstudiums erheblich verkennen." (NSFW 1939, 16, 503).

Allerdings plädiert Kottenhoff nicht für eine Aufhebung der Beschränkungen der Berufsmöglichkeiten für Juristinnen, sondern fordert den Berufseinsatz der Juristin nur da, wo die „spezifischen Kräfte der Frau" gebraucht werden. Besonders die politische Frauenarbeit in den nationalsozialistischen Organisationen verlange juristisch geschulte Kräfte (vgl. ebda).
Kottenhoff erwähnt in dem Artikel, dass die Juristinnen oft auf den Vorbereitungsdienst, d.h. auf die Tätigkeit als Gerichtsreferendarin verzichteten, und bedauert dies, da während der Vorbereitungszeit das praktisch-juristische Können erworben werde (vgl. ebda). Dass dieser Verzicht eine logische Konsequenz der nationalsozialistischen Politik gegenüber weiblichen Juristen war, denen die Ablegung des zweiten Examens verwehrt war, spricht die ANSt-Reichsreferentin allerdings mit keinem Wort an.
    Ein anderer Artikel wirbt für die Aufnahme des Medizinstudiums. Dem weiblichen Wesen entspreche dabei besonders die Tätigkeit als Frauen- und Kinderärztin und als Ärztin für Nerven- und Gemütsleiden.

Solche Spezialärztinnen würden dringend gebraucht. Besonders gute Arbeitsmöglichkeiten böten sich der Ärztin auch auf dem Gebiet der Gesundheitsführung:

> „Wir denken hier an die Arbeit der NSV-Ärztin, an die Tätigkeit der Ärztin im BDM - die jedoch größtenteils ehrenamtlich ist -, an die ärztliche Betreuung der Schulkinder und insbesondere an die Arbeit auf den städtischen Gesundheitsämtern." (NSFW 1939, 19, 604).

Diese Art der wesensgemäßen Zuschreibung bestimmter Fachbereiche dürfte eine etwaige Konkurrenz zum männlichen Arzt weitgehend ausgeschlossen haben, da hier wohl kaum zufällig gerade die ärztlichen Tätigkeiten als besonders fraulich angepriesen werden, die in der Honorierung vergleichsweise niedrig liegen, bzw., wie die Verfasserin selbst zugibt, gar nicht bezahlt wurden.

Frauen sollten sich auch in verstärktem Maße wieder einer Ausbildung als Lehrerin unterziehen. Als vorrangiges weibliches Einsatzgebiet galt die Volksschule, da der männliche Nachwuchs in völlig unzureichender Zahl die Ausbildung zum Volksschullehrer wählte. Für die Zukunft stellte man den Lehrerinnen allerdings auch vermehrte Anstellungsmöglichkeiten an Mädchenschulen in Aussicht, da in den Kriegsjahren mit einem erheblichen Mangel an männlichen Philologen gerechnet wurde (vgl. FAW 1939, 8, 175).

> „Zusammenfassend kann gesagt werden, dass heute jedem Mädel, das Neigung und Begabung zum Studium hat, mit gutem Gewissen zugeraten werden kann, und zwar zu jedem Studienfach. Einsatzgebiete gibt es genug, insbesondere haben sich innerhalb der nationalsozialistischen Frauenorganisationen eine Fülle von neuen Berufsmöglichkeiten für Frauen ergeben, auf die nicht genug hingewiesen werden kann." (NSK 1939, 2, Beilagenblatt 3).

Die Frauen folgten den zahlreichen Appellen zunächst nur zögernd, nahmen aber ab 1940 in verstärktem Maß ein Studium auf. Studierten bei Kriegsbeginn nur etwa 13.000 Frauen an den deutschen Hochschulen, so stieg diese Zahl bis zum Sommer 1940 auf 17.000 an und lag dann im Dezember 1940 bei rd. 18.500 Studentinnen. Dazu kamen noch ca. 1.500 Fachschulstudentinnen (vgl. Deutsches Frauenschaffen im Kriege 1941, 122). Im Wintersemester 1943/44 erreichte die Zahl der Studentinnen an den Universitäten mit 28.378 oder, anteilsmäßig ausgedrückt, 49,5 % aller Studierenden, eine bisher noch nicht erreichte Höhe. Bei der Bewertung des Anteils ist allerdings zu berücksichtigen, dass die Gesamtzahl der Studierenden 1944 nur noch halb so hoch war wie 1932 (vgl. Mutter-kreuz 1981, 159).

Manche NS-Aktivistin erfüllte diese sprunghafte Entwicklung des Frau-enstudiums mit Besorgnis. Gertrud Scholtz-Klink sah in den steigenden Studentinnenzahlen eine Parallele zu der Entwicklung während des Ers-ten Weltkrieges und wies darauf hin, dass diese Tatsache nach dem Krieg den Frauen zum Vorwurf gemacht worden sei und dadurch dem Frauen-studium erheblich geschadet habe. Die Männer hätten es den Frauen als unverdienten Gewinn angelastet, dass sie studieren konnten, während sie selbst um ihr Vaterland hätten kämpfen müssen. Die Reichsfrauenführe-rin befürchtete, dass sich dieser Vorgang wiederholen könnte und meinte, schon bei vielen Studenten Anzeichen für diese Haltung zu entdecken.

Den männlichen Ängsten vor weiblicher Konkurrenz versuchte sie mit dem Hinweis zu begegnen, dass die Frauen keinerlei beruflichen Ehr-geiz hätten, da sie ja doch heiraten würden. Außerdem diene das Studium weniger der beruflichen Ausbildung als vielmehr der Persönlichkeits- und Charakterentwicklung. Von einem in diesem Sinn verstandenen Studium profitiere daher auch die Haus- und Ehefrau.

> „Geld kann mit einer kürzeren und billigeren Ausbildung schneller verdient werden und die Frage des Berufserfolges spielt für eine Frau gar keine Rolle, weil sie mit der Ehe diese beschließt. ... Das Frauenstudium bleibt so auch im Kriege gerade von der studenti-schen Arbeit her gesehen eine Zeit der strengen geistigen Schulung, nicht im intellektuellen Sinn, sondern im Sinn der Persönlichkeits-werdung." (Deutsches Frauenschaffen im Kriege 1941, 123).

Sehr deutlich wird in diesen Äußerungen, dass die erweiterten Studien- und Berufsmöglichkeiten für Frauen ausschließlich auf kriegsbedingte Erfordernisse zurückzuführen waren und keinesfalls als Bruch oder Wandel der ideologischen Grundpositionen zu werten sind. Die Akade-mikerinnen galten ebenso wie alle anderen weiblichen Berufstätigen als flexible Arbeitskräftereserve, die nur solange beschäftigt und in ihrer be-ruflichen Position anerkannt wurden, bis genügend männliche Aspiran-ten nachgewachsen waren.

Das Dritte Reich befand sich durch die kriegsbedingten Veränderungen bezüglich seines Frauenbildes in der Klemme. Auf der einen Seite konnte es immer weniger auf eine größere Zahl gut ausgebildeter und hoch quali-fizierter Frauen verzichten, andererseits entsprachen diese Frauen in keiner Weise dem gewünschten und propagierten Frauenbild. Die Nationalsozialisten lösten dieses Problem zum Nachteil der wirtschaftlichen Erfordernisse: Ihre Schul- insbesondere Hochschulpolitik orientierte sich weiterhin an ihrem traditionellen Frauenbild. Sie zeichnete sich aus durch eine allgemeine Reduzierung des Bildungsniveaus gerade für Frauen und Mädchen, die in der Schule begann und sich auf der Universität fortsetzte.

So wurden den Mädchen sogar dann noch, als sie wieder verstärkt studieren sollten, weiterhin Ehe und Mutterschaft als eigentliche Bestimmung angepriesen. Die akademische Ausbildung der Frauen durfte daher auch nicht als Gelegenheit zur Erlangung von beruflicher Selbstständigkeit angesehen werden. Sinn und Bedeutung fand sie vielmehr erst durch ihren Nutzen für die nach wie vor ‚wesensgemäße' Rolle der Frau. Diese ‚Wertschätzung' der Hochschulausbildung für Frauen kann sich ohne Zweifel nicht sehr motivierend ausgewirkt haben auf die Entscheidung einer Frau, ein kostspieliges Studium zu beginnen.

Dementsprechend gingen die Frauen zunächst auch nur zögernd auf die erweiterten Studienmöglichkeiten ein und begannen erst in dem Moment in größerer Zahl zu studieren, als deutlich abzusehen war, dass die wirtschaftlichen Erfordernisse die ideologischen Einschränkungen zugunsten einer akademischen Ausbildung überrollt hatten. Als entscheidende Ursache für das starre Festhalten an der Ideologie ist auch hier wohl die permanente Angst der Nationalsozialisten vor der Emanzipation der Frau anzusehen.

So hat die NS-Politik immer wieder bewiesen, dass die Nazis, sahen sie die männliche Dominanz einmal gefährdet, bereit waren, den weiblichen Einfluss mit allen Mitteln zurückzudrängen. Auf dem Arbeitsmarkt ließen sich diese Herrschaftsansprüche relativ leicht durchsetzen, nämlich durch Entlassung der betreffenden Frauen.

Intelligenz, erworbenes Wissen und Kritikfähigkeit lassen sich jedoch durch Entlassung nicht ausmerzen. So mussten dem totalitären Regime diese Eigenschaften auch als eine latente Bedrohung erscheinen. Nicht umsonst wurde der ‚Intellektualismus' so heftig bekämpft.

## 9.5 Zusammenfassung

Es muss festgestellt werden, dass die NS-Aktivistinnen innerhalb und außerhalb der Hochschulen den Bildungsabbau für Frauen unterstützt haben. Die NS-Studentinnen konnten sich zwar weder für den gegen

Frauen gerichteten Numerus Clausus erwärmen, noch waren sie damit einverstanden, von ihren männlichen Kommilitonen herumkommandiert zu werden.

Aber sie sorgten selber für eine Beschränkung des Frauenstudiums dadurch, dass sie in ihren Schulungen den Frauen ‚wesensgemäße' Fächer anempfahlen und die Studentinnen ausschließlich auf die Bearbeitung frauenspezifischer Themen hinlenkten. Das gelegentlich vorgebrachte Argument, dass man mit dieser Studienlenkung die weibliche Berufstätigkeit auf Dauer sichern wolle, kann nur als Kapitulation vor männlichen Herrschaftsansprüchen gewertet werden. Zudem ließen die NS-Studentinnen niemals einen Zweifel daran, dass auch sie Ehe und Mutterschaft als letzte Sinnerfüllung des weiblichen Lebens betrachteten und aus diesem Grund an einer beruflichen Karriere nicht das mindeste Interesse hatten.

Das Recht berufstätig zu sein wurde - wenn überhaupt - nur für unverheiratete Frauen gefordert, denen aber gleichzeitig mit abschätzigem Bedauern unterstellt wurde, ihren eigentlichen Lebenssinn verfehlt zu haben.

> „Einmal im Leben bricht in all diesen Frauen der große Zweifel auf an dem Sinn ihres Daseins. Einmal nach acht oder zehn oder mehr Berufsjahren stellen sie selbst die bittere Frage: wie soll das alles so weitergehen? ... Kann denn jemand glauben, dass die Sehnsucht nach Mutterschaft und nach dem Glück der Liebe in all diesen Frauen gelebt und gesucht hat?" (ANSt-Gruppen-Schulung, WS 38/39, 3, 2).

Als Bildungsabbau ist gleichermaßen das von der ANSt propagierte Wissenschaftsverständnis zu werten. Das rationale Streben nach Erkenntnis wurde verworfen zugunsten eines Wahrheitsbegriffes, der auf G l a u b e n und I n s t i n k t beruhte.

Dieser auf dem Glauben beruhende Wissenschaftsbegriff diente - in Verbindung gebracht mit dem ‚weiblichen Wesen' - gelegentlich als Argument für die Berechtigung des Frauenstudiums.

> „Die Gefahr der Blutlosigkeit, der Abkapselung vom Leben, der ‚Wissenschaft an sich', diesen Gefahren der gewesenen Universität waren wir Frauen nie so ausgeliefert wie der Mann ... Man wirft uns vor, wir könnten nicht ‚objektiv', nicht ‚vorurteilsfrei' denken, wir könnten nicht ‚abstrahieren', heute wissen wir wieder, dass dies eine Kraft ist. Wir sind den natürlichen und wirklichen Dingen tiefer

verhaftet als der Mann ...“ (Ellen Agricola 1934, zit. in Mutterkreuz 1981, 150).

Weibliche Dummheit als besonderes Qualifikationsmerkmal für wissenschaftliche Betätigung! Darüber hinaus beweisen die Inhalte der ANSt-Schulungen, dass die Frauen selbst alles taten, um ihre gesellschaftliche Minderwertigkeit argumentativ zu untermauern. Auch die kriegsbedingte Erweiterung der Studienmöglichkeiten für Frauen bewirkte keine grundsätzliche Revision der ideologischen Einstellung der NS-Aktivistinnen.

## 10 Die militärische und ideologische Aufrüstung

Erklärtes Ziel der nationalsozialistischen Außenpolitik war die Revision des Versailler Vertrages und die Gewinnung neuen Lebensraumes im Osten. Auch wenn sich Hitler gelegentlich in der Presse als ‚Friedenskanzler' feiern ließ, war andererseits doch schon 1933 für jeden Menschen erkennbar, dass den Nationalsozialisten zur Durchsetzung ihrer Ziele jedes Mittel, auch ein Krieg recht war. Die militärische Hochrüstungspolitik wurde begleitet von einer moralisch-geistigen Aufrüstung, die auch vor den Frauen nicht halt machte. So finden sich beispielsweise in den Buchempfehlungen der Frauenwarte immer wieder Bücher, die den Ersten Weltkrieg verherrlichen. Ausführlich rezensiert werden Bücher und Erzählungen, welche die Rolle der deutschen Frau im Krieg zum Inhalt haben. Der Erbauung der Leserschaft dienen Erzählungen wie „Mädels im Kriegsdienst" (NSFW 1936, 18, 578).

Der Tenor all dieser Erzählungen ist die vom Schicksal geschlagene, leidgeprüfte Frau, die aber an diesem Unglück reift und geradezu über sich hinauswächst. Ihr persönliches Lebensglück opfert sie ganz wesensgemäß, je nachdem im unermüdlichen Einsatz für die Familie oder in der selbstlosen Hingabe, mit der sie verwundete Soldaten pflegt. In ihrer Trauer um gefallene Angehörige bewahrt sie stets Haltung und ergibt sich nicht ihrem Schmerz, weiß sie doch, dass Mann, Vater und Sohn für Deutschland gefallen sind. Als typisch für diese Einstellung ist folgende Aussage von der ANSt-Reichsreferentin Dr. Anna Kottenhoff anzusehen:

> „Unsere Zeit braucht Männer, die sich durch soldatische Härte auszeichnen. Unsere Frauen sollen nicht hart sein, aber sie müssen starke Herzen haben. Die Kraft ihres Herzens soll nicht weniger groß sein als bei jener spartanischen Mutter, die ihren in den Krieg ziehenden Söhnen zum Abschied sagen konnte: ‚Entweder mit dem Schild oder auf dem Schild!'" (ANSt-Gruppe 1939, 5, 25 f).

Die Frauen wurden aber auch praktisch auf den Krieg vorbereitet. Im Dienste des Vaterlandes und der Landesverteidigung besuchten sie Luftschutzkurse, in denen sie Melde- und Feuerlöschübungen absolvierten und lernten, mit einer Gasmaske durch einen mit Tränengas verseuchten Kriechgang zu robben. Aber wenn man dem Bericht einer Teilnehmerin glauben soll, dann fanden die Frauen das „alles nur halb so schlimm und hatten sogar viel Freude an dieser munteren Kriecherei" (NSFW 1936, 11, 333).

Bereits vom Wintersemester 1933/34 an wurde die Teilnahme an den von der Abteilung Frauendienst veranstalteten Kursen in Erster Hilfe, Luftschutz und Nachrichtenwesen für alle Studentinnen vom 1. bis 6. Semester verpflichtend. Seit Oktober 1936 wurden alle Medizinstudentinnen zusätzlich verpflichtet, beim Examen eine Ausbildung als Schwesternhelferin des Deutschen Roten Kreuzes nachzuweisen (vgl. Deutsches Frauenschaffen 1939, 104 f). Die Militarisierung der Gesellschaft wirkte in alle Lebensbereiche und machte auch vor dem Sport nicht halt.

In diesem Zusammenhang rügte die Frau am Werk in einem Artikel, dass in manchen der körperlichen Ertüchtigung dienenden Lehrgängen den Frauen militärischer Drill abverlangt wurde. Der Frau am Werk erschien diese Art der weiblichen Schulung als „völlig abwegig", da der „Weg der Gesamterziehung und auch derjenige der Leibeserziehung ... den Gegebenheiten der weiblichen Natur entsprechen" müsse. Die Anwendung männlicher Disziplin auf Frauen stehe daher im Gegensatz zur Arbeit und zu dem Grundsatz der Schulungen der NS-Frauenschaft. Besonders kritisiert wurde, dass dieser Kasernenhofstil auch auf ältere, „weißhaarige" Frauen angewandt worden sei (vgl. FaW 1937, 9, 629). Geradezu makaber wirkt die Vorbereitung der Kinder auf die Gefahren des Krieges. Spielerisch sollten sie das Verhalten bei Fliegeralarm lernen. Die folgenden Zitate sprechen wohl für sich:

> „Warum soll die Mutter mit den Kindern nicht einmal ‚Luftschutz' spielen? Eine Ecke der Wohnung wird als ‚Luftschutzraum' bestimmt, Mutti spielt ‚Sirene' und gibt ‚Alarm'. Die Kinder verschwinden im ‚Schutzraum' und dürfen erst nach der ‚Entwarnung' wieder zum Vorschein kommen." (NSFW 1939, 7, 187)

Auch an den echten Luftschutzraum im Keller sollten sich die Kinder beizeiten gewöhnen. Kinderstühle und Stofftiere sollten vermeiden, dass die Kinder sich der Lebensgefahr, in der sie schwebten, bewusst wurden.

> „Mutti nimmt außerdem ihre lustige bunte Strandtasche aus den Sommerferien mit nach unten. Da sind die Gasmasken drin. Das ist aber mal ein seltsames Spielzeug, das die Mutti da mitgebracht hat. Eigentlich ist es ja nicht sehr bequem, die Maske vor dem Gesicht zu haben, aber Mutti hat doch gesagt, dass jeder richtige Soldat so etwas trägt und nun wollen sie auch nicht zurückstehen. Der Kleinere, 3 Jahre alt, wollte im Anfang nicht so recht, aber wenn es doch so schön aussieht, wie die Mutti sagt! Es ist ja auch so lustig, wenn wir alle als ‚Rüsseltiere' verkleidet durch die Wohnung marschieren. ... Nach diesen Vorbereitungen werden wir bei Flieger-

alarm unsere Freude daran haben, wie ruhig und artig unsere Kleinen uns folgen werden." (ebda).

## 10.1 Die Rolle der Frau im Krieg

Im September 1939 wurde aus den erbaulichen Kriegserzählungen, den Heldengedichten und der ,munteren Kriecherei' bitterer Ernst. Die deutschen Truppen überfielen Polen.

Folgt man den Worten der Reichsfrauenführerin, so waren die deutschen Frauen ideologisch gut gerüstet, den heldenhaften Kampf ihrer Männer mit Stolz und Disziplin an der Heimatfront zu unterstützen.

> „Wenn auch Schweres und Schwerstes uns auferlegt wird, unser Stolz bleibt der gleiche, als deutsche Frauen mit dem Führer in eiserner Disziplin diesen Weg zu gehen und ihm die Gewissheit tagtäglich zu geben, dass auch die Heimat mit zu kämpfen und mit zu siegen sich bereit gemacht hat." (NRF 1939, 10, 417).

Die national denkende Frau dränge sich geradezu nach der Übernahme von Lasten und dem Ertragen vielfältiger Erschwernisse und Leiden, um nicht der Verachtung der an der Front kämpfenden Männer anheim zu fallen.

> „Auch wir haben unseren vollen Teil. Wir wollen ihn auch haben, unseren Teil am Opfer, an der Not und dem Leid, wie auch an dem Stolz und dem Glück des Sieges, anders müsste der deutsche Mann uns verachten." (NRF 1940, 19, 281).

Den ab 1941 auch im Reichsgebiet spürbar werdenden Versorgungsengpässen mit lebenswichtigen Gütern versuchte die NS-Frauenschaft mit zahlreichen praktischen Tipps an die Hausfrauen zu begegnen, wie sie die begrenzten Lebensmittel, Textilien und dergleichen am sinnvollsten nutzen könnten (vgl. NRF 1942, 8, 120 f).

Wiederholt wurde an die Frauen appelliert, die vorhandenen Güter gerecht zu verteilen und die Versorgungslage nicht durch Hamsterkäufe zusätzlich zu erschweren (vgl. NRF 1941, 19, 284). Außerdem wurde immer wieder davor gewarnt, Gerüchten über die angeblich schlechte Kriegslage und wirtschaftliche Schwierigkeiten Glauben zu schenken oder sie gar selbst zu verbreiten. Gerüchte nützten nur dem Feind, würden den Siegeswillen des Volkes schwächen und seien vielfach vom Feind selbst mit dieser Absicht ausgestreut worden (vgl. ebda). Die Frauen sollten aber auch einen Beitrag leisten, um die Kampfmoral der Truppe zu stärken. Die NS-Frauenschaft organisierte regelmäßige Lazarettbesuche, um die verwundeten Soldaten aufzumuntern (vgl. FaW 1941, 5, 34).

Vor allem aber sollten die Frauen ihren an der Front stehenden Männern viele tapfere Briefe schreiben. Die Männer würden unruhig und ließen in ihrer Kampfkraft nach, wenn sie längere Zeit ohne Nachricht von ihren Angehörigen blieben. Die Briefe sollten Optimismus ausstrahlen und den Männern das Gefühl vermitteln, dass zu Hause alles in Ordnung sei. Auf keinen Fall dürfe den Soldaten das Herz schwer gemacht werden …

> „durch Frauen, die sich in ihren Sorgen gehen lassen, die Alltagsnöte übertrieben schwer nehmen und zu schwach sind, um über persönlichem Entbehren die Größe unserer Zeit zu empfinden" (NRF 1940, 13, 185).

Falls die Frauen selbst nicht imstande waren, solch frohgemute Briefe an ihre Männer zu schreiben, leistete die NS-Frauenschaft Formulierungshilfe. Gegebenenfalls schrieb die Frauenschaftsleiterin den Brief sogar selbst, und die Ehefrau brauchte lediglich noch einen Gruß an ihren Mann darunterzusetzen (NRF 1940, 11, 155 f und NRF 1943, 5, 79 f).

Mit besonderer Sorge wurde auch der Kontakt deutscher Frauen mit Fremdarbeitern und Kriegsgefangenen zur Kenntnis genommen. Der starke Zustrom dieses Personenkreises ins Reichsgebiet wurde als bedrohlich im Hinblick auf die rassische Aufartung des Volkes empfunden. Eine Kontaktaufnahme dieser Männer mit deutschen Frauen sollte auf jeden Fall unterbunden werden. In einer Verordnung vom 11. Mai 1940 wurde der deutschen Bevölkerung jeder Umgang mit Kriegsgefangenen untersagt. Kriegsgefangene, die diese Verordnung übertraten, mussten mit Gefängnis bis zu zehn Jahren, gegebenenfalls auch mit der Todesstrafe rechnen.

Im Nachrichtendienst wird darauf hingewiesen, dass trotz dieser Verbote und der immer wieder erfolgten Aufklärung sich die Strafgerichte häufig mit Frauen zu befassen hätten, die sich des verbotenen Umgangs mit Kriegsgefangenen schuldig gemacht hätten. Als „ehrvergessene Handlungsweise" wurde den Frauen dabei nicht nur der Austausch von Zärtlichkeiten angelastet, schon Zuwinken oder Zulachen galten als strafbare Delikte. Die betroffenen Frauen mussten mit Gefängnis oder Zuchthaus und dem Verlust der bürgerlichen Ehrenrechte rechnen. Außerdem wurden sie aus der NS-Frauenschaft bzw. dem Deutschen Frauenwerk ausgeschlossen.

Der Umgang mit Fremdarbeitern hingegen war strafrechtlich nicht erfasst und demnach offiziell nicht verboten. Dass ein solcher Umgang aber dem rassischen Ehrgefühl völlig zuwiderlief, geht aus der Propaganda eindeutig hervor. Frauen, die, der öffentlichen Ächtung zum Trotz, eine freundschaftliche Beziehung zu einem Fremdarbeiter aufnahmen, mussten trotz fehlender Rechtsgrundlage damit rechnen, in ein Konzentrationslager eingewiesen zu werden. Juristische Bedenken, von menschlichen ganz zu schweigen, werden im Schrifttum an keiner Stelle laut (vgl. NRF 1941, 10, 146 f).

Der sich mit der Jahreswende 1942/43 abzeichnenden Niederlage der deutschen Wehrmacht begegnete die Propaganda mit verstärkten Durchhalteparolen an die Bevölkerung. Helene Lange wird mit den Worten zitiert:

> „Gewiss, wir Frauen leiden tiefer und schmerzlicher unter den Opfern, die gefordert werden. Aber wenn die Frage heißt: Krieg oder Stillstand deutscher Entwicklung, Tod oder Knebelung deutschen Lebens, so lautet die Antwort der deutschen Frau ohne Besinnen: Krieg und Tod!" (NRF 1943, 3, 30).

Auch wenn die Propaganda unermüdlich bestrebt war, den Glauben an den Endsieg aufrechtzuerhalten, so geht doch aus dem Schrifttum die immer verzweifelter werdende Kriegslage eindeutig hervor.

„Nur zur Unterrichtung der Frauenschaftsleiterin - nicht zur Veröffentlichung" stand über einem Artikel im Nachrichtendienst, in dem die NS-Frauenschaft ihre Funktionärinnen über Ausbildung und Einsatz des von Göring 1943 aufgestellten Flakwaffenhelferinnenkorps informierte.

Die Flakwaffenhelferinnen, die in ortsfesten Batterien der Flakartillerien im Heimatkriegsgebiet an den Waffen und Geräten eingesetzt wurden, sollten diese Tätigkeit nach Möglichkeit aufgrund eines freiwilligen Entschlusses antreten, wobei die entsprechende Werbung von der NS-Frauenschaft organisiert wurde. Die Frauen konnten zum Einsatz in der Luftabwehr aber auch dienstverpflichtet werden. Entgegen jeglicher Ideologie kamen sogar schwangere Frauen zum Einsatz. Schwangere konnten allerdings einen Antrag auf Entlassung stellen. Verblieben sie im Dienst, so erhielten sie als „werdende Mütter" Zusatzverpflegung (vgl. NRF 1943, 12, 176 f).

Seit 1942 litt die deutsche Bevölkerung unter sich von Monat zu Monat steigernden Luftangriffen der Alliierten auf die Großstädte. Im November 1943 begann bereits die systematische Bombardierung von Berlin. Hierzu findet sich im Nachrichtendienst ein Artikel, der meines Erachtens ein seltenes Beispiel für absolute Geschmacklosigkeit und überheblichen Zynismus darstellt. Unter der Überschrift „Um einen neuen Lebensstil - Unsere Einstellung zu Verlusten an Hab und Gut" werden die Bombengeschädigten mit folgenden Erkenntnissen ‚getröstet':

> „Hat es nicht in gewisser Weise auch sein Gutes, wenn ungesunde Mietskasernen mit dunklen sonnenlosen Hinterhöfen ausbrennen und dadurch Platz geschaffen wird für praktische, schöne Bauten, in denen nach dem Kriege kinderreiche Familien eine neue Heimstatt finden werden? Ist es wirklich so schade um den unschönen und innerlich unwahren Hausrat im Jugendstil, der sich immer noch in so vielen Wohnungen findet? Wird es nicht besser sein, wenn an die Stelle dieser kalten Pracht später einmal eine schlichte, aber schöne praktische Häuslichkeit tritt?" (NRF 1944, 4, 55).

Es sei nicht so wichtig, dass eine komplette Wohnungseinrichtung mit Wohn-, Ess- und Herrenzimmer erhalten bleibe, von größerer Bedeutung sei, dass der Mensch die Kraft habe, ein schlichtes tapferes Leben zu führen.

> „So schmerzlich der Verlust des Besitzes sein mag - er macht den Menschen andererseits frei von Ballast, er gibt ihm eine neue und oft aufgeschlossenere Einstellung zum Leben." (ebda).

Außerdem sei gerade das weibliche Wesen besonders geeignet, mit solch schwierigen Situationen fertig zu werden:

> „Gerade die Frau hat ja die Fähigkeit, aus dem Nichts etwas zu schaffen. Jedem Raum die Atmosphäre der Häuslichkeit zu geben, Gemütlichkeit und persönlichen Stil auch mit primitivsten Mitteln zu schaffen. Diese Fähigkeit wird unter dem Zwang der Notwendigkeit überall zur Entfaltung kommen." (ebda).

Obgleich die Parteiführung und vor allem Hitler selbst aus ideologischen Gründen vor einer totalen Dienstverpflichtung für Frauen zurückschreckten, wurden die Appelle an die noch nicht berufstätigen Frauen, eine Erwerbstätigkeit aufzunehmen, immer eindringlicher. 1944 schließlich forderte der Nachrichtendienst sogar den „Kriegsdienst der Großmütter", die durch Übernahme der Haushaltsführung und Kinderbetreuung junge Frauen für den Arbeitseinsatz in der Rüstungsindustrie freimachen sollten (vgl. NRF 1944, 4, 50). Ältere Frauen wurden aber auch zunehmend in der Industrie selbst beschäftigt.

Angesichts der unabwendbaren Niederlage fielen auch bei Hitler letzte ideologische Hemmschwellen bezüglich eines totalen Fraueneinsatzes. Selbst die Aufstellung von Frauenbataillonen wurde erwogen.

> „Ob Männer oder Frauen, ist ganz wurscht: Eingesetzt muss alles werden." (Hitler, März 1945, zit. in Kuhn 1982, Bd. 2, 41).

## 10.2 Das Ende

Mit der wesensmäßigen häuslichen Glückseligkeit war es spätestens ab 1940 endgültig vorbei. Die Frauen schufteten zehn Stunden oder länger in den Fabriken - besonders ‚wertvolle' Frauen waren davon allerdings ausgenommen -, in ihrer ‚Freizeit' erledigten sie unter immer schwieriger werdenden Versorgungsbedingungen ihre Pflichten im Haushalt, erzogen ihre Kinder und schrieben ihren Männern - gegebenenfalls unter Federführung der NS-Frauenschaft - ermutigende Briefe ins Feld.

Sie ‚emanzipierten' sich mit jeder Bombe, die auf das Tausendjährige Reich niederging. In den Luftschutzkellern konnten sie mit ihren Kindern ‚Rüsseltier' spielen, während gleichzeitig ihre Häuser und Wohnungen abbrannten. Aber um die ‚hässlichen Mietskasernen' und den ‚Hausrat im Jugendstil' war es ja angeblich sowieso nicht schade. In den Wintermonaten wurde es ihnen zwar manchmal etwas schwer ums Herz, aber unermüdlich kämpften sie für Deutschland - zuletzt an den Flakgeschützen. Den Tod ihrer Angehörigen und von Millionen Menschen ertrugen sie mit Haltung, starben sie doch alle - für was eigentlich?

1978 schrieb die ehemalige Reichsfrauenführerin ein Buch, in dem sie das Frauenbild der Nationalsozialisten aus ihrer Sicht und anhand von Propagandamaterialien schildert. In einem Kapitel nimmt sie auch zum Kriegsgeschehen wie folgt Stellung:

> „Heute zu dieser Tragödie klar und eindeutig Stellung zu nehmen, wird keinem der überlebenden Nationalsozialisten anders möglich sein als mit der Feststellung: Dieser Krieg hätte nie kommen dürfen. Einmal aus der Erfahrung des Weltkrieges mit all seinem Leid - mehr noch aus dem Wissen, dass eine Weltanschauung mit solch tief gehender Umformung bzw. Rückbesinnung, wie sie die nationalsozialistische war, alle Kraftreserven unseres Volkes total beanspruchen und binden musste, wenn sie auf lange Sicht fester Be-

standteil der ganzen Nation werden sollte. Mehr darüber zu sagen oder gar zu urteilen, verbietet die geringe zeitliche Distanz zu dem Kriegsgeschehen." (Scholtz-Klink 1978, 479).

Kein Wort findet die Verfasserin über die Ermordung der Juden, über die dem System und der Ideologie inhärente Unmenschlichkeit, die Millionen von Menschen Freiheit, Gesundheit und das Leben kostete. Für die ehemalige Reichsfrauenführerin ist die Schuldfrage „nach wie vor nach allen Seiten offen" (ebda). Auf die Frage, was sie mit ihrer ‚Arbeit' am Ende erzielt habe, kann sie nur antworten:

> „Nicht mehr und nicht weniger als viele Idealisten im Laufe der Menschheitsgeschichte in Kauf nehmen mussten: Gefängnis, Verdammnis, Not und vielfach den Tod." (ebda, 480).

Dabei ist offensichtlich, dass ihr Mitgefühl ausschließlich den ach so gläubigen Mördern und nicht zuletzt ihr selbst gilt. Das weibliche Fühlen der Mutter von elf Kindern findet auch nach 33 Jahren kein Wort des Bedauerns für die Opfer. Der Krieg war ein Fehler, weil er verloren ging, nicht etwa, weil er ein Verbrechen wider die Menschheit war.

# 11  Schlussbetrachtung

Aus der Analyse des Schrifttums der NS-Aktivistinnen ergeben sich drei voneinander abweichende ideologische Positionen:

1. Das Frauenbild der nationalsozialistischen ‚Mystikerinnen' vom Schlage einer Guida Diehl legt die Frau auf eine gesellschaftliche Rolle fest, die ausschließlich aus Dienen, Leiden und Opfern besteht. Logisches Denken wird als unweiblich abgelehnt und durch auf Instinkt beruhender ‚Einfalt' ersetzt. Ihre Daseinsberechtigung erfährt die Frau neben ihrer ständigen Dienstbereitschaft nur durch die Erfüllung ihrer Mutterschaftsaufgabe, dank derer sie zum ‚Vollmensch' heranreift. Ihre Existenz als Frau oder gar Mensch gilt ohne die Ableistung ihrer mütterlichen Pflichten als völlig wertlos.

Frau und Mutter sind nahezu synonyme Begriffe. Kinderlose Frauen haben ihren eigentlichen Lebenssinn verfehlt, sie werden aber in der menschlichen Gemeinschaft geduldet, wenn sie sich ‚gläubig' bemühen, diesen Makel mit ‚seelischer Mütterlichkeit' durch steten Einsatz für die Volksgemeinschaft auszugleichen. Kümmert sich die Frau allerdings weder um leibliche noch um seelische Mütterlichkeit, so gilt sie als ‚Parasit' ohne Daseinsberechtigung.

Die NS-Aktivistinnen, die dieses Frauenbild vertreten haben, fühlten sich dabei keineswegs minderwertig oder ausgebeutet. Im Gegenteil: Sie bezogen ihr Selbstwertgefühl gerade aus der permanenten Erniedrigung! Durch die Tatsache, dass sie zur totalen Selbstaufgabe bereit und fähig waren, fühlten sie sich erhöht und hinausgehoben aus der Realität in übersinnliche Bereiche.

Sie waren keine Hausfrauen, sondern ‚Hüterinnen' und ‚Walterinnen des Hauses'. In ihren Augen erstrahlte noch der Glanz des germanischen Herdfeuers. Sie waren nicht einfach Mütter ihrer Kinder, sondern ‚Mütter des Volkes', von deren ‚Mutterkraft' das Wohlergehen der Volksgemeinschaft abhing.  Im wirklichen Leben erschienen diese Frauen unsichtbar und unbedeutend, aber dank ihrer geheimen seelischen Kräfte seien sie unsterblich und lebten in der ehrfürchtigen Erinnerung ihrer Kinder fort.

Dass die Männer über alle gesellschaftliche und politische Macht verfügten, konnten diese Frauen nur mild belächeln, glaubten sie doch, dass die Männer die Macht nur ausüben können, weil sie u n t e r der schützenden Hand der ‚Volksmütter' stehen.

Aus dieser Weltsicht heraus werden die Forderungen nach Berufsverbot und Bildungsabbau für Mädchen und Frauen verständlich. Wollte die ‚Madonna' ihre ‚Heiligkeit' und ihre damit wirklich herausragende Position behalten, so musste sie darauf bedacht sein, naiv, einfältig und gesellschaftlich unsichtbar zu bleiben. Begab sich die Frau jedoch auf die Ebene des Mannes, so konnte sie nach Ansicht dieser NS-Aktivistinnen nur verlieren.

Eine berufstätige, aktive und selbstständige Frau geht zwangsläufig ihrer Heiligkeit verlustig. Solchermaßen entmystifiziert und auf eine nur noch menschliche Ebene zurückgeworfen, ist sie gezwungen, sich mit den Realitäten des Lebens auseinander zu setzen. Aber wo sie auch hingeht, der Mann ist immer schon da! Als Mensch hat sie nur die Alternative, sich mit ihrer gesellschaftlichen Zweitrangigkeit abzufinden oder aber den Kampf um ihre Gleichberechtigung aufzunehmen. Da mag es bequemer sein, sich diesen Problemen durch die Flucht in heilige Sphären zu entziehen.

Die nationalsozialistische Ideologie musste auf diesen Frauentyp anziehend wirken. Der kühne Neugermane achtete ihre mütterliche Heiligkeit, beschützte sie und nahm ihr die Sorge um ihren Lebensunterhalt ab. Von der Anstrengung selbstständigen Denkens befreite er sie, indem er ihr dies einfach verbot und als unweiblich darstellte. Ihre sexuellen Ängste und ihre Unsicherheit auf diesem Gebiet brauchte sie nicht zuzugeben, denn der nationalsozialistische Mann hatte der Ideologie zufolge sowieso kein erotisches Interesse an ihr und begattete sie nur pflichtbewusst zum Zwecke der Kinderzeugung. Sie war von der Angst vor dem Verlust des Arbeitsplatzes befreit, denn sie hatte und wollte ja gar keinen. Vor dem beruflichen Konkurrenzkampf flüchtete sie in die warme Häuslichkeit ihrer Küche.

Die Vorstellung eines auf eigener Verantwortung beruhenden Lebens jagte diese Frauen in Angst und Schrecken. So begaben sie sich in die totale Abhängigkeit und glichen die damit verbundenen Nachteile durch ‚Heiligkeit' aus.

2. Schon mehr dem diesseitigen Leben verbunden erscheinen die NS-Aktivistinnen, die sich im Frauenamt der DAF und als Schriftleiterinnen um verbesserte Arbeitsschutzbestimmungen für Frauen bemühten. Auch diese NS-Aktivistinnen gingen aus von der Wesensverschiedenheit der

Geschlechter und sahen die Frau vorrangig als ‚Mutter des Volkes'. Von den Mystikerinnen unterschieden sie sich aber deutlich durch einen größeren Realitätsbezug, der sich schon in der sprachlichen Form ihrer Artikel ausdrückte.

Am Nationalsozialismus begeisterte sie vor allem dessen propagiertes soziales Engagement. Während die kommunistische Ideologie mit ihrer These des antagonistischen Klassenkampfes offensichtlich Ängste auslöste, versprach der Nationalsozialismus - allerdings nie verwirklichte - soziale Gerechtigkeit in einer harmonischen Volksgemeinschaft, in der einer für den anderen einsteht, Unternehmer und Arbeiter sich nicht als Klassenfeinde gegenüberstehen, sondern als Arbeitskameraden gemeinsam zum Wohl der Volksgemeinschaft arbeiten. Intellektuellen standen auch diese NS-Aktivistinnen distanziert gegenüber. Diese Haltung vertraten sie aber geschlechtsunabhängig und forderten keinen gesonderten Bildungsabbau für Mädchen.

Auch diese NS-Aktivistinnen sprachen sich für eine dem jeweiligen Wesen entsprechende geschlechtsspezifische Arbeitsteilung aus und forderten eine Berufslenkung der Mädchen in diesem Sinn. Dabei hielten sie aber durchaus auch qualifizierte Tätigkeiten mit dem weiblichen Wesen für vereinbar und wehrten sich vielmehr gegen den Einsatz von Frauen in körperlich sehr anstrengenden Berufen.

Mit der drastischen Einschränkung der Frauenberufstätigkeit nach 1933 hatten sie offensichtlich nicht gerechnet, und sie war auch nicht in ihrem Sinn.

Mit Erleichterung verfolgten sie daher die wirtschaftliche Entwicklung, die den verstärkten Arbeitseinsatz von Frauen erforderlich machte und kommentierten stolz, dass die Frauen sich sogar in bisher als männlich angesehenen Berufen ausgezeichnet bewährten. Berufliche, gesellschaftliche und politische Gleichberechtigung haben diese Frauen allerdings nie gefordert. Sie gingen aus von einer wesensgemäßen Arbeitsteilung der Geschlechter, wobei der Lebensbereich der Frau aber nicht als auf den Haushalt beschränkt angesehen wurde.

Diese NS-Aktivistinnen fühlten sich den Männern gegenüber als gleichwertig - und zwar im wirklichen Leben. Sie glaubten zwar auch an die das weibliche Wesen bestimmende Mütterlichkeit, aber sie waren in ihrer Einstellung doch nicht ganz so heilig wie die im geschichtlichen Raum frei schwebenden ‚Mystikerinnen'.

3. Schwer einzuordnen in das nationalsozialistische Weltbild sind die radikalen Feministinnen um Sophie Rogge-Börner. An ihrem unkritisch verfochtenen Rassismus und Antisemitismus sind sie eindeutig als Nationalsozialistinnen zu erkennen. Die ethnozentristische Vorstellung vom Herrenmenschentum haben sie mit selbstverständlicher Überheblichkeit voll übernommen. Aber in ihrer Einschätzung eines artgemäßen Verhältnisses der Geschlechter zueinander weichen sie doch erheblich von dem allgemein propagierten Rollenbild ab. Zwar gingen auch diese Frauenrechtlerinnen von einem komplementären Menschenbild aus; daraus zogen sie aber nicht den Schluss, dass Mann und Frau gleichwertig seien, sondern sie forderten, in Abweichung von der offiziellen Ideologie, die absolute Gleichberechtigung der Frauen auf allen Gebieten einschließlich der Rechtsprechung und der Politik. Sie sprachen sich sogar für die Einführung der weiblichen Wehrpflicht aus. Gerade weil Mann und Frau wesensverschieden seien, müssten sie zur gegenseitigen Ergänzung in allen Lebensbereichen gleichberechtigt eingesetzt werden.

Dabei lehnten diese Frauen sowohl die Vorstellung von der wesensgemäßen weiblichen Einfalt als auch den Muttermythos ab. Sie erkannten ganz klar, dass der Muttermythos letztlich nicht der Erhöhung der Frau diente, sondern vielmehr von männlicher Seite zu ihrer totalen Unterdrückung eingesetzt wurde. In dem Artikel „Die geistig bedeutende Frau im Spiegel männlicher Erotik" (vgl. DK 1934, 4, 99-109) findet sich eine Einschätzung des faschistoiden Männertypus, die sich in weiten Bereichen mit der Analyse von Klaus Theweleit (1977, 1978) deckt. Es ist erstaunlich, dass diese durchaus nicht unintelligenten NS-Aktivistinnen die Frauenfeindlichkeit des Nationalsozialismus vor der Machtergreifung offenbar überhaupt nicht wahrgenommen hatten. Entsprechend groß war der Schock, als sie mit der Wirklichkeit konfrontiert wurden.

Vergleicht man allgemein die Äußerungen der NS-Aktivistinnen mit denen der NS-Aktivisten, so lässt sich Folgendes feststellen:

Völlige ideologische Übereinstimmung besteht bezüglich rassistischer und allgemein antisemitischer Auffassungen. Auch in ihrer Sexualfeindlichkeit glichen sich Männer und Frauen weitgehend.

Allerdings besteht hier ein Unterschied: Auch die Männer betrachteten Sexualität zwar prinzipiell als etwas ‚Schmutziges', dass sich mit dem ‚sauberen' Ehrgefühl des deutschen Menschen nur schwer vereinbaren ließ. Andererseits ging ihre Triebunterdrückung doch nicht so weit, dass sie nicht gelegentlich ein Bedürfnis nach dieser ‚unsauberen' Betätigung verspürten. Diesem Dilemma entzogen sie sich durch eine - keineswegs nur von Faschisten vertretenen - doppelten Moral, die der ehrbaren und damit auch zu ehelichenden Frau geschlechtliche Reinheit abnötigte, sie selbst aber nicht daran hinderte, mit - allerdings als Nutten verachteten - Frauen zu schlafen.

Hier spielten die nationalsozialistischen Damen nicht mit und forderten geschlechtliche Enthaltsamkeit für beide Geschlechter. Die Beziehung zwischen Mann und Frau sollte geprägt sein von platonischer Kameradschaftlichkeit. Besonders deutlich werden diese unterschiedlichen Auffassungen in den jeweiligen Aussagen über die Ehe. Alle NS-Aktivistinnen waren sich darüber einig, dass die Forderung nach Treue und Monogamie unverzichtbar sei.

Äußerungen von Gerda Bormann, der Frau Martin Bormanns, die ihren Mann zu neuen weiblichen Eroberungen beglückwünschte und sich nur darum sorgte, dass er nicht zu brutal mit den anderen Frauen umsprang und die ihrem Mann sogar vorschlug, ein System umschichtiger Mutterschaft auszuarbeiten (vgl. Fest 1963, 366 f), sind als Ausnahme zu werten[6]. Selbst die in der NS-Frauenschaft versammelten heiligen Mütter konnten, den Artikeln des Nachrichtendienstes zufolge, den Bigamievorstellungen der begattungsfreudigen Rassefanatiker nicht das Geringste abgewinnen.

Bezüglich der Einstellung zur weiblichen Erwerbstätigkeit finden sich die größten Differenzen zwischen den NS-Aktivistinnen einerseits und den NS-Aktivisten andererseits. Der Begriff von dem ‚wesensgemäßen' Berufseinsatz diente als Kleister, um die verschiedenen Auffassungen zu diesem Thema doch noch ideologisch vereinbaren zu können.
Der stetig wachsende Arbeitskräftebedarf der Wirtschaft erzwang eine immer großzügigere Auslegung der Fähigkeiten des weiblichen Wesens bis hin zu dem Punkt, an dem die Berufstätigkeit einer Mutter sich angeblich geradezu förderlich auf die Entwicklung von Kindern auswirkte.
Hier hatte die Propaganda eine völlige Kehrtwendung gemacht, die allerdings ausschließlich als Anpassung an die Kriegsbedingungen zu werten ist und weder den wirklichen Auffassungen der NS-Aktivisten noch der NS-Aktivistinnen entsprach.

---

[6] Dies bestätigen auch neue Forschungen. Selbst im innersten Zirkel der Ehefrauen von Hitler nahe stehenden NS-Größen stieß das Eheverständnis der Eheleute Bormann auf Ablehnung. Siehe hierzu: Sigmund, 2000.

Die Reduzierung des weiblichen Bildungsniveaus wurde von der Deutschen Kämpferin in scharfer Form angeprangert. Die Deutsche Kämpferin forderte gleiche Bildung für Jungen und Mädchen und sprach sich sogar für Koedukation aus, eine Vorstellung, die sich sonst im nationalsozialistischen Schrifttum nirgends findet.

Die meisten NS-Aktivistinnen standen aufgrund ihrer Intellektuellenfeindlichkeit dem Bildungsabbau zumindest gleichgültig gegenüber und setzten sich selbst für eine Änderung der Bildungsinhalte dahingehend ein, dass häusliche und mütterliche Fähigkeiten verstärkt zu fördern seien. Rationale Erkenntnis sollte ersetzt werden durch instinkthaftes Erfühlen. In diesem Sinn galt den NS-Aktivistinnen die Senkung des intellektuellen Niveaus als den weiblichen ‚Fähigkeiten' besonders angemessen.

Vielen Menschen erscheint heute das nationalsozialistische Frauenbild fremd und lebensfern. Dabei bedarf es keiner wissenschaftlichen Analyse, um zu erkennen, dass die von der nationalsozialistischen Ideologie vertretenen Geschlechtsrollenleitbilder in vielen Lebensbereichen auch heute noch als gültig angesehen werden. Der Nationalsozialismus war kein ‚Unfall' in der deutschen Geschichte, sondern er fußte auf Traditionen, die auch in unserer Gesellschaft noch fortleben. Selbst die ‚nationalsozialistischen Mystiker' leben noch unter uns. Dafür ein Beispiel:

> „Beide sind sie Frauen und schön. Mehr als ein halbes Jahrtausend und mehr als eine halbe Welt liegen zwischen ihnen. ... Die eine ist Inbild zeitloser Schönheit, die andere Abbild der Modernität. Die von einst ist beinahe noch ein Urbild, die von heute beinahe schon ein Leitbild. ... Die, deren Bild in dem Gotteshause steht, trägt auf ihrem Haupte eine Krone, ihr langes Gewand ist faltenreich und in der Spinnstube gewebt. Die, deren Bild in den Illustrierten steht, hat ein Toupet auf ihrem Kopfe, und soweit sie nicht völlig nackt ist, stammt der Hauch ihrer Bekleidung vom laufenden Band der Textilindustrie. Die Frau des Mittelalters stand unter männlichem Schutze und lebte in weiblicher Sitte. Die Frau des Kunststoff-Zeitalters steht dem Manne gleich und lebt weniger in sich als außer sich. ... Der, die an Gott glaubte ... und mit dem Herzen dachte, steht die Zeitgenossin gegenüber, die mit de Kopfe denkt und an den Psychoanalytiker glaubt. Die eine anerkennt die Wirklichkeit von Ethos und Idee, die andere verkennt die Illusion von Show und Konsum. Die eine hat ein Gesicht, die andere eine Figur. ... Die eine sah unter sich und blickte empor, die andere schaut in die Illustrierten und sieht fern. ... Die schreitet auf leisen Sohlen, die

andere klappert auf lauten Absätzen. Die eine versammelt das Leben in sich, die andere verbraucht es und will mehr davon haben ....“ ('Mut' 1977, 115, 8 f, zit. in Ginzel 1981, 148).

Dieser Artikel findet sich 1977 in einer neonazistischen Zeitschrift. Offensichtlich wirkt das Bild der 'heiligen Madonna' noch immer auf Menschen beiderlei Geschlechtes anziehend. Die Enkelin von Guida Diehl hat ihre Lektion gut gelernt[7].

---

[7] Die aktuelle neonazistische Szene ist ideologiegemäß von Männern dominiert. Frauen finden sich heute wie damals vor allem in unterstützenden Funktionen und tauchen daher in der Öffentlichkeit nur am Rand auf. Eine wichtige Rolle spielen Frauen in der ‚Hilfsorganisation für nationale politische Gefangene' (HNG).

# Epilog

In den letzten Jahren sind einige interessante Arbeiten zum Thema ‚NS-Aktivistinnen' erschienen. Sehr gut recherchiert sind die Porträts bekannter NS-Frauen durch Anna Maria Sigmund. Lesenswert sind auch die Erinnerungen von Traudl Junge, einer persönlichen Sekretärin Hitlers, die bis zur letzten Stunde an seiner Seite ausharrte, sich später aber glaubhaft vom Nationalsozialismus distanzierte. Eine gute Einführung in die Thematik bietet das von Ulrike Leutheusser herausgegebene Buch ‚Hitler und die Frauen'.

Jana Arakeljan hat sich der verdienstvollen Aufgabe unterzogen, ein umfassendes Literaturverzeichnis zum Thema ‚Frauen im Nationalsozialismus' zu erstellen, das im Internet einzusehen ist. Leider sind zahlreiche der zum Teil sehr spezialisierten Arbeiten bereits vergriffen und nicht mehr über den Buchhandel erhältlich.

Die feministische Frauenforschung hat sich mit dem Thema ‚Frauen im Dritten Reich' schwer getan. Bis Ende der achtziger Jahre wurden Frauen vor allem als Opfer wahrgenommen. Dass Frauen auch Täterinnen sein könnten, schien so gar nicht ins feministische Weltbild zu passen. Hier gibt es mittlerweile eine differenziertere Sichtweise. Hervorheben möchte ich den Sammelband von Lerke Gravenhorst und Carmen Tatschmurat, in dem die verschiedenen Ansätze und Kontroversen kenntnisreich vorgestellt werden.

Mit meiner Forschung habe ich versucht, mich dem Phänomen der NS-Attraktion auf Frauen zu nähern. Persönlich ist mir dies nur zum Teil gelungen. Auch die neueren, sehr verdienstvollen Arbeiten, lassen mich mit einer gewissen Ratlosigkeit zurück.

Ich kann einiges verstehen und nachvollziehen. So zum Beispiel das Bedürfnis nach Orientierung und Sicherheit, das die NS-Ideologie vordergründig bediente. Für viele junge Frauen boten BdM und Arbeitsdienst de facto zudem neue Freiräume jenseits enger familiärer Verhaltensgebote. Die zumindest rhetorisch herausgehobene Rolle von Müttern mag auf manche Frauen anziehend gewirkt haben.
Aber es bleibt eine Dimension des Schreckens, die für mich gefühlsmäßig nicht begreifbar wird. Dabei denke ich noch nicht einmal an Auschwitz und andere Todeslager.

Der Terror begann im für jedermann und jede Frau erlebbaren Alltag: Der täglich propagierte Hass auf ‚den Juden‘ und alle Andersdenkenden, Berufsverbote auch von akademisch gebildeten Frauen, die sogenannte ‚Arisierung‘ von Betrieben, die Entmietung jüdischer Wohnungen, die Stigmatisierung durch den ‚gelben Stern‘, Vertreibung und Gettobildung, etc.

Mit dem Blick von heute wird deutlich, dass ideologische Verblendung und darauf fußende, furchtbare Taten auch gegenwärtig noch überall virulent sind. In einem Fernsehinterview vom 17.02.03 sagte Joachim Fest, wir müssten akzeptieren, dass ‚das Böse‘ offensichtlich zum menschlichen Sein dazugehöre und sich auch nicht restlos durch soziale Bedingtheiten erklären und positiv beeinflussen ließe. Vielleicht ist dies so. Ich persönlich habe hier mehr Fragen als Antworten.

Dies enthebt uns aber nicht der Verpflichtung, uns aktiv für ein gedeihliches Miteinander auf diesem kleinen Planeten einzusetzen. Falls es ‚das Böse‘ gibt, so gibt es sicher auch ‚das Gute‘. Darunter verstehe ich die Fähigkeit zu Mitgefühl, die Akzeptanz auch eines ‚Andersseins‘, den Willen zu einem guten Miteinander. Dazu sind wir Menschen sicher auch fähig, und es ist aus meiner Sicht unsere einzige Chance, als Spezies langfristig zu überleben.

In der Geschichtsschreibung werden Frauen vor allem als Opfer gewalttätiger Eruptionen wahrgenommen. Aber Frauen sind auch Töchter von Vätern, Mütter von Söhnen, Ehefrauen von Männern und selbst aktiv Handelnde. Auch wenn es wehtut: Wenn Frauen einen gleichberechtigten Platz neben den Männern zu Recht einfordern, so müssen sie sich aus meiner Sicht auch selbstkritischen Fragen nach ihrem eigenen Beitrag zu ‚bösen‘ Entwicklungen stellen. Ich möchte dieses Buch mit einem chinesischen Sprichwort beenden:

> „Die Wahrheiten, die wir am wenigsten gern hören, sind diejenigen, die wir am nötigsten kennen sollten.“

Ich würde mich freuen, wenn dieses Buch einen kleinen Beitrag leisten könnte, die Sensibilität gegenüber jeder Art von Ideologie zu erhöhen, komme sie von rechts oder von links, begründe sie sich religiös oder materialistisch.

Karin Fontaine, Juni 2003

# Bibliografie

## I. Quellen (Nationalsozialistisches Schrifttum)

### 1.1 Selbstständige Werke/Propagandabroschüren/Schulungsunterlagen

Die ANSt-Gruppe. Hrsg. v. Amt Studentinnen d. RSF. Folge 3 WS 1938/39, Folge 1-5 1939, Sonderdruck o. J.

Aufklärungs- und Redner-Informationsmaterial der NSDAP und des Propagandaamtes der Deutschen Arbeitsfront. München 1936

Diehl, Guida: Die deutsche Frau und der Nationalsozialismus. Eisenach 1933

Das Dritte Reich im Aufbau. Übersichten und Leistungsberichte. Hrsg. v. Paul Meier-Benneckenstein. Bd. 2, Teil 1. Berlin 1939

Einsatz der Frauen in der Nation. Frauenkundgebung Reichsparteitag der Arbeit 1937. Hrsg. v. deutschen Frauenwerk. Leipzig 1937

Frobenius, Else: Die Frau im Dritten Reich. Eine Schrift für das deutsche Volk. Berlin 1933

Die Front der Frauen und die Parteigenossin. Schulungsunterlage Nr. 14. Hrsg. v. Reichsorganisationsleiter NSDAP. Hauptschulungsamt o.O. 1943

Gottschewski, Lydia: Männerbund und Frauenfrage. Die Frau im neuen Staat. München 1934

Hammer, Docky: Die Frau in den USA. Schriftenreihe zur weltanschaulichen Schulungsarbeit der NSDAP. Heft 16. o.O., 1943

Hitler, Adolf: Mein Kampf. 2 Bde. München 1941 (Bd. 1 1925; Bd. 2 1927)

Kath, Lydia: Die Frau im altnordischen Volksleben. Hrsg. v. NSDAP Reichsleitung. Hauptamt NS-Frauenschaft. München o.J.

Köhler-Irrgang, Ruth: Die Familie als Kraftquell und Lebensgrund des Volkes. Schriftenreihe zur weltanschaulichen Schulungsarbeit der NSDAP. Heft 13. O.O. 1942

Köhler-Irrgang, Ruth: Die Frau im Glaubensleben des Volkes. Schriftenreihe zur weltanschaulichen Schulungsarbeit der NSDAP. Heft 40. O.O. 1943

Marawske-Birkner, Lilli: Der weibliche Arbeitsdienst. Seine Vorgeschichte und gegenwärtige Gestaltung. Leipzig 1942

N.S. Frauenbuch. Bearbeitet von Ellen Semmelroth und Renate v. Stieda. München 1934

Paull, Hermann: Die Frau: Ein neuzeitliches Gesundheitsbuch. Stuttgart 1941 (1919)

Rabe, Sofia: Die Frau im nationalsOzialistischen Staate. Kampfschrift. Broschürenreihe der Reichspropagandaleitung der NSDAP. Heft 18. O.O. 1932

Rosenberg, Alfred: Der Mythos des 20. Jahrhunderts. 12.Aufl. München 1943 (1930)

Schwerdtfeger-Zypries, Gertrud: Der Arbeitsdienst für die weibliche Jugend. Schriften der Hochschule für Politik. Heft 17. Berlin 1938

Siber v. Groote, Paula: Die Frauenfrage und ihre Lösung durch den Nationalsozialismus. Berlin 1933

Vorwerck, Else: Kulturelle Entwicklung. Hrsg. v. NSDAP Reichsleitung. NS-Frauenschaft. München o.J.

## 1.2 Periodika

Die deutsche Frau. Kurzberichte für die Frau. Sonderdienst (Beilage) der Nationalsozialistischen Parteikorrespondenz Folge 2 (3.1.1939), Folge 8 (10.1.1939), Folge 20 (24.1.1939), Folge 26 (31.1.1939), Folge 38 (14.2.1939). o.O.

Die Deutsche Kämpferin. Hrsg. v. Sophie Rogge-Börner. München 1933-1937

Deutsches Frauenschaffen. Jahrbuch der Reichsfrauenführung 1938. Hrsg. u. bearb. v. Erika Kirmsse. Dortmund 1938

Deutsches Frauenschaffen im Kriege. Jahrbuch der Reichsfrauenführung 1941. Hrsg. u. bearb. v. Erika Fillies-Kirmsse. Dortmund 1941

Die Frau. Monatsschrift für das gesamte Frauenleben unserer Zeit. Begr. v. Helene Lange. Hrsg. v. Gertrud Bäumer und Frances Magnus v. Hausen. Heft 1-12 1933/34, Heft 4-7, 9 1934/35, Heft 4 1938/39, Heft 3 1939/40, Heft 8 1940/41. Berlin

Die Frau am Werk. Zeitschrift für die werktätige Frau in der Deutschen Arbeitsfront. o.O. 1936-1941

Die Frau im deutschen Volk. Nationalsozialistische Monatshefte Hrsg. v. Alfred Rosenberg. Heft 143/44 Februar/März 1942. München 1942

Nachrichtendienst der Reichsfrauenführung. München 1937-1944 (bis 1938 als Nachrichtendienst der Reichsfrauenführerin, ab 1940 als Nachrichtendienst der Reichsfrauenführung-Sonderdienst erschienen)

Nationalsozialistische Frauenkorrespondenz. Folge 8 1932, Folge 3, 6, 8-12 1934 o.O. (Erscheinen 1.5.1934 eingestellt, weitere Artikel in Nationalsozialistische Parteikorrespondenz)

NS-Frauenwarte. Die einzige parteiamtliche Frauenzeitschrift. Hrsg. v. NSDAP-Reichsleitung und NS-Frauenschaft. München 1935-1941

Der Schulungsbrief. Zentrales Monatsorgan der NSDAP und der DAF. Berlin 1934-1936


## 1.3 Quellenpublikationen

Domarus, Max: Hitler: Reden und Proklamationen 1932-1945. Bd. 1 Triumph (1932-1938). Bd. 2 Untergang (1939-1945). München 1962 u. 1963

Gersdorff, Ursula v.: Frauen im Kriegsdienst 1914-1945. Stuttgart 1969

Scholtz-Klink, Gertrud: Die Frau im Dritten Reich. Eine Dokumentation. Tübingen 1978


## II. Sekundärliteratur

### 2.1 Selbstständige Werke (bis 1982)

Adorno, Theodor W.: Studien zum autoritären Charakter. Frankfurt 1973

Der alltägliche Faschismus: Frauen im dritten Reich. Berlin, Bonn 1981

Baeyer-Katte, Wanda v.: Das Zerstörende in der Politik. Eine Psychologie der politischen Grundeinstellung. Heidelberg 1958

Bajohr, Stefan: Die Hälfte der Fabrik. Geschichte der Frauenarbeit in Deutschland 1914 bis 1945. Marburg 1979

Baker Miller, Jean: Die Stärke weiblicher Schwäche. Zu einem neuen Verständnis der Frau. Frankfurt 1977

Bartel, Gerda: Ideologie und studentischer Protest. Untersuchungen zur Entstehung deutscher Studentenbewegungen im 19. und 20. Jahrhundert. München 1977

Bauer, Fritz: Die Wurzeln faschistischen und nationalsozialistischen Handelns. Frankfurt 1965

Berming, Cornelia: Vom „Abstammungsnachweis" zum „Zuchtwart". Vokabular des Nationalsozialismus. Berlin 1964

Bleuel, Hans Peter; Ernst Klinnert: Deutsche Studenten auf dem Weg ins Dritte Reich. Ideologie, Programme, Aktionen 1918-1935. Gütersloh 1967

Bleuel, Hans Peter: Das saubere Reich. Theorie und Praxis des sittlichen Lebens im Dritten Reich. Bonn, München 1972

Bloch, Ernst: Vom Hasard zur Katastrophe. Politische Aufsätze aus den Jahren 1934-1939. Frankfurt 1972

Bohrmann, Hans: Strukturwandel der deutschen Studentenpresse. Studentenpolitik und Studentenzeitschriften von 1848-1974. München 1975

Bracher, Karl Dietrich: Die deutsche Diktatur. Entstehung, Struktur, Folgen des Nationalsozialismus. Um d. Einl. zur 6. Aufl. u. bibl. Erg. erw. Aufl. Frankfurt a.M., Berlin, Wien 1979

Bremme, Gabriele. Die politische Rolle der Frau in Deutschland. Eine Untersuchung über den Einfluss der Frauen bei Wahlen und ihre Teilnahme in Partei und Parlament. Göttingen 1956

Broszat, Martin: Der Nationalsozialismus. Weltanschauung, Programm und Wirklichkeit. Stuttgart 1960

Broszat, Martin: Der Staat Hitlers. Grundlegung und Entwicklung seiner inneren Verflechtung. München 1969

Burghardt, Christina: Die deutsche Frau. Küchenmagd- Zuchtsau- Leibeigene im III. Reich - Geschichte oder Gegenwart? Münster 1978

Das Dritte Reich im Kreuzverhör. Aus den Vernehmungsprotokollen des Anklägers. Hrsg. v. Robert M.W. Kempner. Düsseldorf 1980 (1969)

Eggebrecht, Axel: Volk ans Gewehr. Chronik eines Berliner Hauses. 1930-34. Berlin, Bonn 1980

Eichholtz, Dietrich: Geschichte der deutschen Kriegswirtschaft 1939-1945. Bd. I 1939-1941. Berlin 1969

Eilers, Rolf: Die nationalsozialistische Schulpolitik: Eine Studie zur Funktion der Erziehung im totalitären Staat. Köln, Opladen 1963

Faust, Anselm: Der Nationalsozialistische Deutsche Studentenbund. Studenten und Nationalsozialismus in der Weimarer Republik. Bd. 1 u. 2. Düsseldorf 1973

Fest, Joachim: Das Gesicht des Dritten Reiches. Profile einer totalitären Herrschaft. München 1963

Finckh, Renate: Mit uns zieht die neue Zeit. Baden-Baden 1979

Focke, Harald; Uwe Reimer: Alltag unterm Hakenkreuz. Wie die Nazis das Leben der Deutschen veränderten. Ein aufklärendes Lesebuch. Hamburg 1979

Frauenalltag und Frauenbewegung im 20. Jahrhundert. Materialsammlung zu der Abteilung 20. Jahrhundert im Historischen Museum Frankfurt. Bd. 3 Frauen im deutschen Faschismus 1933-1945. Frankfurt a.M. 1980

Frauen und Wissenschaft. Beiträge zur Berliner Sommeruniversität für Frauen Juli 1976. Hrsg. v. d. Gruppe Berliner Dozentinnen. Berlin 1977

Fromm, Erich: Anatomie der menschlichen Destruktivität. Reinbek b. Hamburg 1980

Gamm, Hans-Jochen: Der braune Kult. Hamburg 1962

Gamm, Hans-Jochen: Führung und Verführung. Pädagogik des Nationalsozialismus. München 1964

Ginzel, Günther Bernd: Hitlers (Ur)enkel. Neonazis: Ihre Ideologien und Aktionen. Düsseldorf 1981

Grebing, Helga: Der Nationalsozialismus. Ursprung und Wesen. München 1959

Gröning, Ethel: Die Hakenkreuzbonbons. Stuttgart 1974

Hagemann, Jürgen: Die Presselenkung im Dritten Reich. Bonn 1970

Hillel, Marc; Clarissa Henry: Lebensborn e.V.. Im Namen der Rasse. Wien, Hamburg 1975

Janssen-Jurreit, Marielouise: Sexismus. über die Abtreibung de Frauenfrage. 3. Aufl. Frankfurt a.M. 1979

Kater, Michael, H.: Studentenschaft und Rechtsradikalismus in Deutschland 1918-1933. Eine sozialgeschichtliche Studie zur Bildungskrise in der Weimarer Republik. Hamburg 1975

Kirkpatrick, Clifford: Nazi Germany. Its Women and Family Life Indianapolis, New York 1938

Kirkpatrick, Clifford: Women in Nazi Germany. London 1939

Klaus, Martin: Mädchen in der Hitlerjugend. Erziehung zur „deutschen Frau". Köln 1980

Kuczynski, Jürgen: Die Geschichte der Lage der Arbeiter unter dem Kapitalismus. Bd.6. Berlin-Ost 1964

Kühnl, Reinhard: Faschismustheorien. Texte zur Faschismusdiskussion. Ein Leitfaden. Hamburg 1979

Kuhn, Annette; Gerhard Schneider (Hrsg.): Frauen in der Geschichte. Düsseldorf 1979

Kuhn, Annette; Valentine Rothe: Frauen im deutschen Faschismus. Bd. 1 Frauenpolitik im NS-Staat. Düsseldorf 1982

Kuhn, Annette; Valentine Rothe: Frauen im deutschen Faschismus. Bd. 2 Frauenarbeit und Frauenwiderstand im NS-Staat. Düsseldorf 1982

Kunz, Elfriede: „Frauen helfen siegen"? Der Arbeitseinsatz der deutschen Frau in der Nationalsozialistischen Pressepropaganda. Dissertation. Wien 1978

Lauer, Amalie: Die Frau in der Auffassung des Nationalsozialismus. Köln 1932

Lück, Margret: Die Frau im Männerstaat. Die gesellschaftliche Stellung der Frau im Nationalsozialismus. Eine Analyse aus pädagogischer Sicht. Frankfurt 1979

Macciocchi, Maria Antonietta: Jungfrauen, Mütter und ein Führer Frauen im Faschismus. Berlin 1979

Mann, Reinhard (Hrg): Die Nationalsozialisten. Analysen faschistischer Bewegungen. Stuttgart 1980

Maschmann, Melita: Fazit. Kein Rechtfertigungsversuch. Stuttgart 1963

Miller, Alice: Am Anfang war Erziehung. Frankfurt a.M. 1980

Millet, Kate: Sexus und Herrschaft. Die Tyrannei des Mannes in unserer Gesellschaft. 2. Aufl. München 1977

Mitscherlisch, Alexander u. Margarete: Die Unfähigkeit zu trauern. Grundlagen kollektiven Verhaltens. München 1968

Mutterkreuz und Arbeitsbuch. Die Geschichte der Frauen in der Weimarer Republik und unterm Nationalsozialismus. Hrsg. v. Frauengruppe Faschismusforschung. Frankfurt a.M. 1981

Nationalsozialismus und die deutsche Universität. O. Hrsg. Berlin 1966

Pauwels, Jacques R.: Women and University Studies in the Third Reich 1933-1945. Toronto 1976

Reich, Wilhelm: die Massenpsychologie des Faschismus. Köln Berlin 1971 (1933)

Schenk, Herrad: Die feministische Herausforderung. 150 Jahre Frauenbewegung in Deutschland. München 1980

Schieder, Wolfgang (Hrg.): Faschismus als soziale Bewegung: Deutschland und Italien im Vergleich. Hamburg 1976

Schoenbaum, David: Die braune Revolution. Eine Sozialgeschichte des Dritten Reiches. München 1980 (1968)

Schorn, Hubert: Die Gesetzgebung des Nationalsozialismus als Mittel der Machtpolitik. Frankfurt a.M. 1963

Soden, Kristine v.; Gaby Zipfel: 70 Jahre Frauenstudium: Frauen in der Wissenschaft. Köln 1979

Stephenson, Jill: Women in Nazi Society. London 1975

Stockhorst, Erich: Fünftausend Köpfe. Wer war was im Dritten Reich. Velbert, Hettwig 1967

Sulleroth, Evelyne: Die emanzipierte Sklavin. Geschichte und Soziologie der Frauenarbeit. Wien, Köln, Graz 1972

Theweleit, Klaus: Männerphantasien. Bd. 1 Frauen, Fluten, Körper, Geschichte. Bd. 2 Männerkörper – zur Psychoanalyse des weißen Terrors. Frankfurt 1977 und 1978

Terror und Hoffnung in Deutschland 1933 – 45. Leben im Faschismus. Hrsg. v. Johannes Beck u.a.. Reinbek b. Hamburg 1980

Thomas, Katherine: Women in Nazi Germany. London 1943

Wagner, Monika: Zur sozialen und wirtschaftlichen Lage der Frau. Frauen unter dem Nationalsozialismus 1933-1939. Wissenschaftliche Arbeit im Rahmen der Ersten Staatsprüfung für das Lehramt am Gymnasium. Bonn 1981

Winckler, Lutz: Studie zur gesellschaftlichen Funktion faschistischer Sprache. Frankfurt 1970

Winkler, Dörte: Frauenarbeit im „Dritten Reich". Hamburg 1977


## 2.2 Beiträge in Zeitschriften und Sammelwerken

Alltag im 2. Weltkrieg. Courage 3. Sonderheft. Berlin 1982

Bridenthal, Renate: Beyond Kinder, Küche, Kirche: Weimar Women at Work. In: Central European History. Vol. VI Number 2 1973. Atlanta 1973. S. 148-166

Duden, Barbara; Hansen, Karin: Gesellschaftliche Arbeit - geschlechtsspezifische Arbeitsteilung. In: Frauen in der Geschichte. Düsseldorf 1979. S. 11-33

Murray, Florence Hervé: Die Frauen im deutschen Faschismus. In: Das Argument. Heft 1 1963. Berlin 1963. S. 19-22

Kater, Michael H.: Krisis des Frauenstudiums in der Weimarer Republik. In: Vierteljahresschrift für Sozial- und Wirtschaftsgeschichte. Bd. 59. Wiesbaden 1972. S. 207-255

Keifer, Ellen: Frauendiskriminierung im Nationalsozialismus. Auswirkungen auf die gesellschaftliche und berufliche Stellung der Frau. In: Vorgänge. Heft 2 1978. S. 91-98

Mason, Tim: Zur Lage der Frauen in Deutschland 1930 bis 1940: Wohlfahrt, Arbeit und Familie. In: Gesellschaft. Beiträge zur marxistischen Theorie 6. Frankfurt 1976

Mason, Tim: Zur Frauenarbeit im NS-Staat. (Literaturbericht) In: Archiv für Sozialgeschichte, Bd. 19 1979. S. 579-584

Metz-Göckel, Sigrid u.a.: Arbeitsplatz Hochschule: Frauen in Forschung und Lehre. In: Außenpolitik und Zeitgeschichte. Bd. 6 1982. S. 3-12

Petzina, Dietmar: Die Mobilisierung deutscher Arbeitskräfte vor und während des zweiten Weltkriegs. In: Vierteljahreshefte für Zeitgeschichte. Stuttgart 1970. S. 433-455

Schenk, Herrad: Der verschleierte Sexismus. Erscheinungsformen der Frauendiskriminierung in Vergangenheit und Gegenwart. In: Vorgänge. Heft 2 1978, S. 91-98

Wendt, Bernd-Jürgen: Jugend im nationalsozialistischen Deutschland. In: Geschichte in Wissenschaft und Unterricht. 1966. S. 88-105

Winkler, Dörte: Frauenarbeit versus Frauenideologie. Probleme der weiblichen Erwerbstätigkeit in Deutschland 1930-1945. In: Archiv für Sozialgeschichte. Bd. 17 1977. S. 99-127

Winkler, Heinrich August: Vom Mythos der Volksgemeinschaft. In Archiv für Sozial -geschichte. Bd. 17 1977. S. 485-490

## 2.3 Selbstständige Werke (ab 1983)

Arakeljan, Jana (hat ca. 500 Literaturhinweise zum Thema ‚Frauen im Nationalsozialismus / II. Weltkrieg' zusammengestellt): www.frauennews.de/themen/herstory/weltkrieg/literatur/index.htm

Gravenhorst, Lerke, Carmen Tatschmurat: TöchterFragen: NS-Frauengeschichte. Forum Frauenforschung, Bd. 5. Freiburg 1990

Jaschke, Hans-Gerd, Birgit Rätsch, Yury Winterberg: Nach Hitler. Radikale Rechte rüsten auf. München 2001

Junge, Traudl, Melissa Müller: Bis zur letzten Stunde. Hitlers Sekretärin erzählt ihr Leben. München 2002

Klabunde, Anja: Magda Goebbels. Annäherung an ein Leben. München 1999

Leutheusser, Ulrike (Hg.): Hitler und die Frauen. München 2001

Schaake, Erich: Hitlers Frauen. Die willigen Helferinnen und ergebenen Mätressen des Führers. München 2000

Sigmund, Anna Maria: Die Frauen der Nazis. Wien 1998

Sigmund, Anna Maria: Die Frauen der Nazis II. Wien 2000

Sigmund, Anna Maria: Die Frauen der Nazis III. München 2002